Vertikalt

Noveller om klatring og bjergbestigning

Vertikalt

Noveller om klatring og bjergbestigning

af

Bo Belvedere Christensen

Af samme forfatter:

Kilimanjaro – guide til natur og bestigning

Ubetrådte tinder - Gennem hvide pletter på landkortet til toppen af jomfruelige toppe i Himalaya

Big E - Fortællingen om Big E Thrane & Thrane Danish Everest Expedition 2000

Baruntse – over 7000 meter i Himalaya

Everest – drømmen og sejren, udsolgt fra forlaget, men kan fås ved at kontakte forfatteren: bbc@k2-adventure.dk

Ama Dablam – en bestigning af verdens smukkeste bjerg

© 2009 Bo Belvedere Christensen

Forlag: Books on Demand GmbH, København, Danmark

Tryk: Books on Demand GmbH, Norderstedt, Tyskland

ISBN: 978-87-7691-477-6

Indholdsfortegnelse

Forord

Gennem de over 30 år, jeg har klatret, har jeg skrevet mange artikler til blade, aviser og til internet sider. Da jeg en dag kedede mig på mit lille hjemmekontor (nogle vil nok sige, at jeg nok aldrig keder mig, men man kan gøre det bevidst i visheden om, at kedsomhed fremmer kreativiteten ☺), ville jeg rydde lidt op på min pc og gik i gang med min artikelsamling.

Men efter at have læst nogle stykker af dem indså jeg, at det her var alt for godt til at forblive gemt eller endnu værre slettet. En række af artiklerne er skrevet til fagtidsskrifter for bjergfolket, hvorfor de ikke egner sig til almindelig publicering, men med noget omskrivning og lidt ordforklaringer, så ville det i mine øjne absolut blive læseværdigt.

Så fandt jeg også mine minutiøst førte dagbøger frem, dagbøger som jeg har skrevet på alle mine klatreture og ekspeditioner i bjergene gennem disse mange år. Her var der stof til mange flere noveller.

Oprydning og kedsomhed resulterede således i en ide til en novellesamling om klatring og bjergbestigning. Og da det samler mange af mine beskrivelser om klatring og bjergbestigning fra en række bjergområder rundt omkring i verden, så bliver det samtidig til en delvis selvbiografi – ihvertfald for den del af mit virke, som drejer sig om bjergene.

Som biografi kan novellesamlingen ikke stå alene, dertil er "dækningsgraden" af mine store ture i Himalaya alt for lille, hvorfor jeg vil anbefale interesserede i at læse min kommende bog "20 år i Himalaya", hvor jeg har samlet beskrivlser af en stor del af mine erfaringer og oplevelser på verdens højeste bjerge. Men hvor ovennævnte udelukkende dækker Himalaya, så dækker denne novellesamling klatring og bjergbestigning i andre dele af verden.

Jeg håber novellesamlingen kan give læseren fugtige håndflader ligesom jeg har oplevet det, når jeg har læst de mest spændende klatrehistorier skrevet af forfattere som Jon Krakauer (bl. a. "Op i det blå"), Joe Simpson (bl.a. "Mellem is og intet") og Peter Boardman (bl.a. "Shining Mountain" som desværre ikke er oversat til dansk). Også Krakauer har samlet sine kortere fortællinger i novellesamlinger, som er meget spændende læsning.

Jeg har ingen forventning om, at kunne nå op på siden af ovennævnte forfattere, men kan du bare få lige så meget fornøjelse af at læse mine noveller, som jeg har haft ved at skrive dem, så er jeg nået langt – og har nået mit mål – og det er jo det bjergbestigning handler om.

Men som det vil fremgå, så er det vigtigt at forstå, hvad målet er. Michael Knakkergård, der desværre ikke er iblandt os længere, skrev en biografi, som fik den geniale titel "Vejen er målet". Jeg er bare så enig. Nyd det mens det står på, uanset om det er din dagligdag eller du er optændt af den hellige ild på vej mod verdens top. Hver dag tæller og hver dag er fuld af ting, som kan få os til at se lysere på fremtiden. Find dem og glæd dig over dem!

Når jeg læste mine egne dagbøger og tidligere skrevne artikler blev jeg helt lun indeni. Hvor har jeg mange gode venner, som jeg har haft helt vidunderlige oplevelser med – undervejs mod toppen. Derfor er novellesamlingen lige så meget en stor tak til mine venner gennem disse mange år.

God læsning!

Bo Belvedere Christensen

Holte d. 24.08.2009.

Morgenrødens væg

Det er med en meget speciel fornemmelse i maven, jeg står nedenfor væggen med de mange navne. Bjerget ligger i Italien i det store område i de vestlige Alper, som kaldes Dolomitterne og har givet navn til den bjergart – dolomit – som de består af. Området har været besat af tyskerne i perioder, hvorfor alle bjerge her har såvel et italiensk som et tysk navn. Sådan er det også med Roda di Vael, som italienerne kalder den – Rotwand, som tyskerne siger.

Men uanset hvilket navn, man går ud fra, så siger navnet, at der er tale om en rød væg. Og rødlige vægge, der består af dolomit er næsten uden undtagelse stærkt overhængende. Erosionen virker anderledes på en stejl væg og giver denne farveforskel til den normalt grålige dolomit.

Men for mig vil den altid være morgenrødens væg. Ikke fordi selve væggen blev ramt at lyset, tværtom, for den vender mod vest. Mens vi står her nedenfor væggen og lægger nakken fuldkommen tilbage, så kan vi se noget sne på toppen omkring 400 meter lodret over os. Og mens vi kigger, så bliver sneen deroppe farvet lyserød af solen på den anden side af bjerget. Det må være en lille bunke sne, siden vi kan se solens skær igennem den.

Vi er Peter Laulund og jeg. Peter som jeg har klatret sammen med længere tid denne sommer og i det hele taget dette år. Først på sommeren var vi i Hohe Tauern i Østrig og nu i Dolomiterne, hvor vi samtidigt venter på, at nogle af vores venner og min kæreste også kommer ned og klatrer sammen med os.

Vi går de sidste 20-25 meter op ad grus- og stenskråningen op til selve bjergvæggen, stiller vores rygsække op ad den og tager en varmende jakke på. Vi har allerede været afsted i flere timer for at komme hertil og med de mange højdemeter vi er gået op her til sidst, så er sveden virkelig sprunget frem på panden. Vi vil lige tage en puster inden vi gør klar til at klatre.

Så tændes alle alarmlamper pludseligt. Der lyder en susen i luften, som så går over i en mærkelig svingende lyd, først ved jeg ikke hvad det er. Så går det op for mig, at det er oppefra lyden kommer. Og lige som jeg kigger op, kommer en ordentlig bunke sten ud af luften, rammer med et ordentligt drøn lige der, hvor vi stod og kiggede op mod den morgenrøde sne. Stenene fortsætter ned ad den stejle ur og ruller så langt, at de senere forsvinder ud af syne.

Vi kigger på hinanden med løftede øjenbryn. Det var godt nok tæt på, dernede stod vi for 2 minutter siden. Solen må lige have nået at smelte noget sne eller is, som bandt stenene til toppen.

Min mavefornemmelse bliver endnu mere speciel af denne oplevelse. I forvejen har jeg haft noget kriller over det foretagende, som vi er på vej mod.

Den stærkt overhængende vej op har kun tidligere været klatret artificielt. Det vil sige, at klatrere har banket bolte, i folkemunde kaldet spir, ind i væggen og har brugt dem til fremdriften, har holdt i dem og har brugt stiger af rebslynge sat fast i boltene som trin.

Vi har en anden plan, at forsøge at friklatre væggen. Vi vil bruge sikringer, men kun for at forhindre at et eventuelt styrt bliver langt, farligt eller i værste fald fatalt. Vi vil kun holde i klippen og stå på små naturlige fremspring. Det er en meget krævende måde at klatre på, men grunden til min mavefornemmelse er, at ingen andre har gjort det før os. Det giver en usikkerhed om hvorvidt det overhovedet er muligt. Kommer vi til et sted, hvor det er umuligt at friklatre eller ihvertfald tæt på umuligt kan det let medføre, at den førende klatrer må tage flere styrt for at prøve at løse problemet.

Jeg vænner mig aldrig til fornemmelsen af, at være lige ved at styrte. Tit får jeg bemærkninger fra ikke-klatrere om, at jeg må være adrenalin junkie, når jeg kan lide at klatre så svært. Men netop det, at jeg ikke har det godt med denne tæt-på-grænsen situation viser, at de tager fejl. Det er følelsen af at kunne kontrollere situationen og sin egen nervøsitet, der er givende.

Da vi er kommet os over oplevelsen med stenene, der heldigvis faldt 2 minutter for sent til at have os som mål, tager vi alt vores klatregear frem. Klatreselerne bliver taget på, de to halvreb bliver lagt parat og jeg tager alle sikringerne i min sele. Vi har som altid ladet tilfældighederne råde, jeg tog en sten i den ene hånd, holdt begge hænder på ryggen og lod Peter vælge. Han fik ikke stenen, så det er mig der kan vælge hvem , der skal føre den første reblængde.

Og jeg synes første reblængde ser god ud, så er der et lidt lettere udseende parti hvorefter væggen igen synes at tilbyde nogle udfordringer i tredje længde. Men det er svært at se, lige præcis hvor det er muligt at have standplads, det sted hvor føringen skiftes. Derfor kan det ende med, at det, jeg nedefra har udset mig, slet ikke bliver min føring. Men jeg vil da gøre et forsøg, for at få det passet ind.

Med en samlet væghøjde på 400 meter og i alt 20 meters overhæng vil hver af de omkring 12 reblængder, vi skal klatre, slutte gennemsnitligt knap 2 meter længere ude i luften end vi starter. Og starten er lidt stejlere end gennemsnittet. Det kan mærkes med det samme, jeg starter op ad klippen.

Klippen er som dolomit ofte er det i så stejle partier ru og fyldt med småhuller. Jeg har derfor godt greb i klippen og der er god friktion mod mine klatreskos såler. Det hjælper med at overkomme den stejle væg og jeg begynder hurtigt at føle mig godt tilpas. Den sugende, nervøse fornemmelse i maven svinder og jeg begynder at nyde den utrolige fornemmelse af, at overvinde noget, der umiddelbart ser rimelig håbløst ud.

Men i slutningen af reblængden bliver jeg alligevel lidt klam. Der er en stejl stræber op gennem væggen og der sidder nogle gamle bolte og markerer ruteforløbet af den gamle artificielle rute, som vi forsøger at friklatre.

Det som skræmmer mig er, at pillaren tilsyneladende består af sammenkittede kalkblokke. Jeg kan se huller ind imellem dem og nogle af dem ser ud som om de bare er stablet ovenpå hinanden.

Hvor godt hænger de lige sammen? Jeg skal kunne stole på, at mine sikringer vil holde, hvis jeg skulle tage et styrt. Men sådan en stabel blokke kittet sammen af nedsivende kalkholdigt vand – formentlig en del af en opfyldt hule i kalkklipperne – kan den holde?

Dette stykke bliver klatret med stor forsigtighed, jeg stoler ikke på det her. Heldigvis er jeg forbi de løse blokke, da jeg når til en lille afsats, hvor der sidder flere gamle, rustne bolte. Jeg sætter karabiner og slynger i dem alle og forbinder dem. Nu kan jeg slappe af mens Peter kommer efter og tager vores sikringer fra den første reblængde med op.

Jeg har sikret på moderne vis uden brug af bolte bortset fra de gamle, der allerede sad i klippen. De moderne sikringer, kiler og "friends", kan let fjernes, men holder mindst lige så stor belastning, når de er sat ordentligt. Eneste problem er, at et fuldt sæt kiler som dækker hvad vi måtte møde af klippesprækker, vejer adskillige kilo.

Da Peter når op til mig ser han lettere svedig ud og kigger bare op på mig.

"Godt ført, det var heftigt", siger han.

"Jo tak", hvordan synes du om stablen af blokke?"

Men det er jo noget af det mærkelige; man opfatter klatringen vidt forskelligt som første- og andenmand. Jeg vurderede situationen som lettere farlig. Faren for at sikringerne ville rykke blokkene løs, hvis jeg faldt, var stor. Men den fare var Peter som andenmand ikke udsat for, han havde et stramt reb oppefra. Han lagde ikke mærke til, at det hele virkede, som en stabel løst sammenkittede blokke.

Men nu bytter vi, Peter overtager føringen og jeg kan slappe af yderligere en tid, lang tid skal det vise sig. Min vurdering af anden reblængde set nedefra bunden af væggen holder ikke stik. Ganske vist er den ikke så stejl, men viser sig at være næsten lige så svær som den forrige.

Jeg har set det før i dolomit, så tidligt som det første år jeg klatrede her i Dolomitterne. Du klatrer på en lodret væg og det er benhårdt, lige på kanten af hvad du kan. Så kigger du op og ser at væggen bliver overhængende. Du tænker, "hvordan skal jeg nogensinde komme op af det, når jeg allerede er hårdt presset?"

Men da du kommer til det overhængende parti, så er der pludselig en masse små huller i klippen, som du ikke hidtil har haft, såkaldte "pockets". Og besynderligt nok, så kan det blive lettere at klatre selv om det selvfølgelig stadig er anstrengende - det er jo overhængende.

Lidt i den stil forløber det også idag, hvor Peter får lov at svede på det næste "kun" lodrette parti. Jeg brugte omkring en time på den første længde og Peter omkring halvdelen. Men det er ikke hurtigt nok, med mindre der viser sig nogle lettere partier, hvor vi bare flyver ubesværet opad. Selv om det er rart for mig at slappe af fra føringen, så bliver jeg alligevel lidt stresset af Peters tidsforbrug. Jeg hænger heller ikke for godt i den her stejle standplads, selv om der er en lille hylde. Jeg har ikke engang hele foden inde på hylden.

Peter er blevet helt stille deroppe, et dårligt tegn ved jeg. Når han kommer med kommentarer, så kører det for ham. Når han behøver dyb koncentration, så kommer der ikke så meget som en lyd over hans læber.

Jeg får efterhånden ondt i nakken af at dreje hovedet opad og spejde efter ham. Jeg må nøjes med at kigge på rebet, der forløber i en lille bue til siden inden det går opad, gennem de første sikringer, som jeg lige kan se ud af øjenkrogen. Men der går lang tid imellem, at rebet rykker sig. Og når det gør, så er det oftest kun 20-30 cm af gangen.

Jeg får tanker om, at Peter slet ikke klatrer godt idag, men det kommer jeg til at æde igen. Da han endelig har fået tilbagelagt de 35 meter til den næste fornuftige afsats og råber sit "standplads" ned til mig, så kommer jeg virkelig på arbejde. Jeg havde indset, at det måtte være heftigt, men så heftigt så det altså ikke ud. Klippen er stejl og næsten grebløs, så jeg leder ofte længe efter greb til fingrene og små fremspring at kunne anbringe de yderste 2-3 mm af mine klatresko på. Jeg er ikke nået mange meter fra min standplads før jeg er fuld af beundring for hans føring. Han har gjort det godt - tidsforbruget til trods.

Også denne anden reblængde ender med at tage halvanden time for os begge at tilbagelægge. Vi er nu omkring 80 meter oppe af væggens totale 400 meter og har brugt over halvdelen af formiddagen. Jeg tør næsten ikke tænke tanken til ende. Men selv om vi skulle have kræfter til at fortsætte den heftige klatring helt til toppen, så tror jeg ikke rigtig på, at vi har dagstimer nok. Og jeg skal ikke hænge her en hel nat over! En time på forrige standplads var rigeligt.

Jeg overtager føringen i den tredje reblængde, hvor vi får en lille pustepause. Det starter godt nok lige så svært som Peters reblængde, men så kommer et langt midterparti, hvor jeg har fået svar på mine bønner; jeg kan næsten flyve op ad. I afslutningen er jeg dog lige oppe og hente af reserverne igen inden en rigtig fin hylde byder mig velkommen incl. et sæt af gamle slåbolte, som jeg sætter mig grundigt fast til.

Det næsten synd for Peter, han havde den forrige svære og tager jeg ikke fejl endnu en gang, så er det rutens sværeste længde, som kommer nu. De svære, men relativt korte reblængder har gjort, at jeg har fejlberegnet. I stedet for, at jeg skal op gennem væggens hovedoverhæng, så bliver det Peters føring. Men inden han går igang, så veksler vi lige et par ord om forventningerne. Og vi er alignede, Peter forventer heller ikke, at vi skal til toppen idag. Dertil er tiden for langt fremskreden. Det er snart middag og vi er knapt en tredjedel oppe af væggen. Men vi vil da godt lige kigge på det der 8 meters overhæng, som tårner sig ud over vores hoveder. Det bliver ekstremt luftigt for allerede nu er vi et stykke ude over det sted, hvor vi startede. En spytklat ud i luften viser det, så længe jeg kan se den falde øges afstanden ind til klipperne. Sygt!

De første 15-16 meter går fint og relativt hurtigt for Peter, men så begynder klippen at hænge ud over hovedet på ham. Vi skal ud mod højre, hvor vi ikke kommer gennem samtlige 8 meter overhæng, men kan klatre på den stejle væg nedenfor. Det er dog stadig vildt overhængende og jeg kan se på Peters bevægelser, at han kæmper med balancen og kræfterne. Det må være ekstremt belastende psykisk; han hænger omtrent halvvejs ude under overhænget og når han kigger ned mod mig, så ser han direkte ned på jorden omtrent hundrede meter under os.

Peters fødder smutter hele tiden på klippen og jeg kan godt se, hvor det bærer hen. Det er slut med friklatringen, vi går over til artificielt. Peter hægter nogle slynger i en af de gamle bolte og træder op i dem. Så gik det altså ikke længere. Efter et lille hvil giver han det endnu et forsøg, men jeg kan se han er nervøs ved det.

"Der er ikke andet at sikre i end de gamle rustne bolte" kommer hans kommentar som svar på mine tanker. Uf for en væmmelig tanke, at tage sig et styrt i noget af det gamle, rustne skidt. Jeg bandt 3-4 stykker sammen på standpladserne og det var bare til at holde et kort andenmands-styrt. Hvis Peter falder deroppe, så falder han frit i luften med deraf følgende kæmpe belastning på sikringerne.

Han hænger deroppe et stykke tid og tænker over tingene, men så kommer det spørgsmål, jeg vidste måtte komme. "Vil du prøve at føre det?"

Jeg har allerede vendt og drejet svaret i hovedet. Jeg er ikke meget for at opgive, det er jo det her vi har snakket om den sidste uge. Otte meter overhæng, som ingen endnu har friklatret, men der kan jo være en grund til det. Peter har klatret forrygende idag og jeg synes jeg har haft det hårdt ved at følge. Jeg synes ikke chancerne for, at jeg kan komme længere end Peter synes store. Og hvad jeg absolut aldrig har brudt mig om er dårlige sikringsmuligheder. Kan jeg sikre "bombproof" så ville det ikke være slemt at prøve og måske tage et styrt – ikke at jeg kan lide det, men ...

"Nej tak", bliver mit svar, "hvis du ikke kan sikre det, så har jeg ikke lyst til at prøve."

Jeg ved ikke om det var et lettelsens suk, der lød synkront fra vores munde. Et er sikkert; det var fedt at prøve det så langt som vi kom. Men nu skal vi bare ned.

Det er besynderligt så hurtigt vi omstiller os. Så snart vi har besluttet os for at vende om, så er fokus væk og det kan kun gå for langsomt med at komme hjem til teltene.

Men lige nu har vi nogle af de mest heftige abseils man kan forestille sig, foran os. Først skal Peter dog ned til mig på standpladsen. Han er nødt til at klatre det første stykke tilbage for at få vores sikringer med sig, men han ender med at trække sig ned i rebet. Hvis han slap det ville han ryge adskillige meter ud i luften og ville måske have problemer med at komme ind til klippen igen. Et kig ned ad væggen bekræfter, at den udfordring får vi på hver eneste af de abseils, der venter.

Lykkeligvis kan vi med dobbeltrebene nå rigtig langt ned i hver abseil, men da jeg hænger næsten helt ude for enden af rebet i den første nedfiring har jeg godt to meter ind til klipperne. Der sidder nogle bolte med et stykke slynge igennem, så jeg har noget at gribe fat i, men det bliver en luftig gyngetur for at komme ind og få fat i dem.

Når du hænger ude for enden af 50 meter reb, så sker det tit, at du begynder at dreje rundt. Rebene er blevet snoet lidt under klatringen og vil nu uvægerligt prøve at dreje sig tilbage. Og det gør det ikke lettere at komme ind og få fat, at jeg nogle af gangene, hvor jeg kommer ind mod klippen har ryggen til. Efter lidt øvelser i reb lykkes det dog og jeg kan sætte mig fast til slyngerne på en midt-imellem-plads. Det vil sige, at det ikke en rigtig standplads, men helt klart kun rigget til af hensyn til abseils. Og der er absolut intet at stå på, så her hænger jeg anstrengt i slyngerne og venter på, at Peter skal komme ned til mig.

Det er en hel del lettere at være nummer to på sådan en abseil. Jeg er gjort fast og holder også fat i rebene, så Peter kører direkte ind til mig og kan hægte sig på slyngerne. Men så bliver det Peters opgave at finde ud af, om rebene måske kan nå helt til jorden i næste abseil.

Da vi har trukket rebet gennem de nye slynger og har fået det hevet gennem det øverste abseilanker, falder det ned forbi os. Vi lægger omhyggeligt midten, hvor rebene er bundet sammen lige her ved slyngerne og spejder så ned mod bunden. Det når ikke ned, men det kan være meget tæt på og det er måske godt nok. Rebene er dynamiske, hvilket betyder, at de giver sig under belastning. Rart nok eller nok nærmere vitalt, hvis du styrter og bliver fanget af rebet. Så skal det virke som en gigantisk elastik i stedet for at stoppe dig øjeblikkeligt.

I relation til abseilen, så betyder det at rebet bliver op til nogle meter længere når du hænger helt ude for enden af det. Lidt afhængigt af din vægt selvfølgelig. Da den første reblængde var meget stejl fejer rebet hen over jorden 3-4 meter ude fra klipperne. Det kan også være, vi lige kan gynge os så langt ind, at det er til at nå jorden. Men oppefra kan vi ikke bedømme det, der er kun at prøve.

Vi hiver rebet ind igen og binder knude for enden af det, så Peter ikke er i fare for at køre ud over enden af det. Afsted sejler han ud i luften for snart at begynde at snurre langsomt rundt. Da han hænger helt nede for enden råber han;

"Det er lige præcis ikke langt nok. Men hvis jeg gynger ind, kan jeg hoppe af - jeg skal lige have bundet knuden op."

"OK forstået", råber jeg, men gør mig allerede den næste forestilling. Jeg er lidt lettere end Peter. Ikke meget men måske 2-4 kilo. Hvordan vil det indvirke?

"Reb frit" signalerer Peter for at fortælle mig, at det nu er min tur til den luftige abseil. Det går fint i starten, mens jeg stadig med strakte ben kan nå ind til klippen. Klassisk stejl abseil, men så kommer stedet, hvor det for alvor var overhængende klatring – og jeg kan ikke nå ind mere. Abseil ottetallet bliver ganske varmt af friktionsvarmen mod rebet mens jeg sejler videre nedad og begynder min rotation. Kigge ind mod klipperne, hen langs, ud over lavlandet foran bjerget, hen langs klippen og til sidst indad igen.

Til sidst kører jeg lidt langsommere nedad for lige at få overblik over, hvor slemt det ser ud. Da jeg langsomt bremser op og til sidst mærker enden af rebet i min nederste hånd – rebenden uden knude på – siger Peter;

"Jeg måtte gynge ind og nærmest hoppe af."

Jeg kigger ned, der er ihvertfald to meter ned til den stærkt skrånende ur, som det bliver svært at lande på uden at miste balancen.

"Jo tak, men jeg er lidt lettere end dig, jeg kan vist ikke nå ned"

Men så bliver vi kreative.

"Har du ikke nogle slynger" siger Peter.

Han behøver ikke sige mere. Jo selvfølgelig. Med en hånd fast på rebenden får jeg fat i en lang slynge med den fri hånd. Den er så lang at Peter lige kan nå den. Han går helt op til væggen og trækker mig ind mod sig. Jeg hænger stadig lidt over ham. Men helt inde ved væggen er der ligesom en lille afsats, som jeg måske kan hoppe af på. Der er bare den lille krølle, at jeg skal have den rigtige ende af rebet med mig.

"Hvad reb skulle vi trække i" spørger jeg.

"Blå, tror jeg"

Jeg tænker mig om, det er kritisk. Holder jeg fat i den forkerte, kan vi ikke få knuden som binder de to halvreb sammen gennem sikringen oppe for enden. Og sandsynligvis taber jeg rebet, da det ikke kan nå ind til foden af væggen. Så mister vi begge rebene, et stort tab for to studerende, men OK det er jo ikke livsfarligt.

Jeg prøver at se standpladsen for mig, men kan faktisk ikke huske hvilket reb, der er det rigtige. Jeg var så koncentreret om hvorvidt vi kunne nå ned. Men så husker jeg, at det var rødt reb vi skulle hive i efter første abseil. Og det skifter fra reblængde til reblængde på grund af knuden. Det ER blå.

"Kan du ikke give mig et kraftigt træk indad, så hopper jeg"

"OK", svarer Peter og gør sig klar. Han signalerer til mig, jeg er parat. Han giver et ordentlig træk, lige præcis så meget han kan uden selv at miste balancen på den lille terasse under væggen. Samtidigt lader jeg mig glide ud over enden af rebet. Jeg har godt fat i det blå reb og heldigvis forløber springet efter planen. Jeg havner lige ved siden af Peter og hvad der er lige så vigtigt, det blå reb gav sig lidt. Så ved vi, vi har fat i den rigtige ende.

Resten er bare everyday business for klatrere, hive reb ned og kvejle op, få fordelt og pakket udstyret og sidst men ikke mindst gå en laaaaang tur hjem til lejren.

Efterskrift:

Mindre end 14 dage senere er vi tilbage igen ved Roda di Vael, men denne gang er vi 3 personer; min daværende kæreste Lene Vestergaard, Peter og jeg.

Vores mål er ikke den store overhængende rute, men en vej til toppen, som går lige i kanten af den overhængende væg. Graderingen er mere middelmådig, står til 4+ hvor vores tidligere projekt, Maestri ruten, er graderet 6+/A3.

Peter og jeg synes det kunne være sjovt, at klatre omkring 150-200 meter fra den heftige rute og kigge over i den mens vi nyder en gang fornøjelig hurtig klatring – troede vi!

Vi placerer en bivuak lige i nærheden lidt nedenfor og til siden for væggen. Da jeg pakker mine sovesager ud lægger jeg soveposepølsen på stenen ved siden af sig. Men jeg kommer lige til at skubbe til den. Vi ser til vores skræk soveposen danse ned ad skråningen i store hop indtil den forsvinder ud af syne.

Eftersøgningen går i gang og vi kommer ned til en kant, hvorfra det går meget stejlt ned. Her vil den ikke stoppe før dalen, men jeg er heldig. Lidt til siden for hvor vi står og kigger ud i halvmørket er der en lille bunke større sten. Da vi ser nærmere efter, så er en af stenene i stedet en pænt indpakket, uskadt sovepose.

Om morgenen mens det endnu er mørkt, går vi efter en hurtig gang morgenmad op til væggen helt ude til højre i hjørnet. Peter og jeg fortæller imens Lene om vores oplevelser kort tid forinden. Starten til vores nye rute er let at finde og det går fint i starten.

Men omkring halvvejs oppe er ruten ikke så ligetil at finde. Vi roder rundt, klatrer forkert, må ned igen og ender med noget klatring, der ligger langt over 4+. Der bliver ikke meget tid til at nyde udsigten til Cassin ruten og hvad værre er, der kommer en tåge snigende og klæder bjerget i en lidt dyster stemning. Vi fortsætter dog ufortrødent, men får nogle heftige klatremeter ind imellem.

Som tiden går indser vi, at vi ikke har meget at gøre godt med, men vi er så langt oppe, at den hurtigste vej ned er over toppen. Men bjerget bliver lige til det sidste ved med at stille os udfordringer. Ikke nok med, at vi er helt klart er gået forkert, men samtidig bliver tågen så tæt, at vi til sidst ikke kan se hvor vi er. Vi mister totalt stedsansen og fortsætter bare op ad det der er lige for næsen af os. Sikkert ikke den letteste vej til toppen, men vi må da snart være der.

Da lyset begynder at svinde kan vi se noget ovenover os, som indgyder os lidt mod. Det ligner en bjergkam, der forrevet viser vejen op til toppen. Og vi skal hele vejen over toppen, da den letteste vej ned er ovre på den anden side. Vi når kammen og for første gang i dag er vi heldige. Det er let terræn resten af vejen op.

Vi når toppen lige efter solen er gået ned, men der er ikke tid til lykøskninger og topfoto. Om lidt er det mørkt og vi var jo på en let dagtur, som skulle have været overstået for længe siden. Pandelamperne er derfor sparet væk og efterladt ved soveposerne.

Som den hurtigste løber jeg i forvejen og finder vejen, råber til de andre hvor de skal gå hen ad. Lykkeligvis opstår der ikke yderligere forviklinger og kort før det er absolut mørkt, når vi den stejle ur nedenfor væggen.

Vi famler os vej hen over uren til vores vores gemte bivuakgrej, som vi finder efter en del søgen rundt. Vi beslutter os for at gå ned til den nærmeste hytte, Paolina hytten, for at overnatte der. Måske kan vi få noget mad og noget at drikke. Hytten, som det tager en times tid at nå med vores halvflade pandelamper, er helt mørkelagt. Vi kan få rent vand udenfor hytten, men det er en hård bivuak for ganske vist kan vi ligge varmt i poserne, men vi har stort set intet tilbage at spise.

Næste morgen er vi meget tidligt afsted efter en overdådig morgenmad bestående af ½ æble. Det går den for Peter og jeg kendte vej rundt om bjergkæden til vores campingplads og teltene.

Denne gang kom vi da til toppen selv om det holdt hårdt. Men vi måtte igen indse, at vores strategi ikke helt stod mål med vores evner. Første gang på Roda di Vael fejlvurderede vi vores evner til at klatre hurtigt i heftigt svært terræn, denne gang var det mere evnerne til at finde den letteste vej op gennem det kaotiske terræn.

Det er karakteristisk for bjergbestigning, at der er meget at lære. De vise ord om at lære for livet gælder i så udpræget grad for bjergenes verden. Den vigtigste læresætning, som gør dig i stand til at blive ved at lære er:

"Den modigste klatrer er den klatrer, der ved hvornår det er tid at vende om – og gør det."

Ikke at vende om i en kritisk situation er i bjergene ikke modigt, det er overmodigt og kan meget hurtigt føre til en katastrofe. Men en vis risiko er du nødt til at løbe for at nå dine mål, vi kalder det "en kalkuleret risiko" (se for eksempel Dougal Hastons bog "Calculated Risk" i litteraturlisten).

Fakta:

Maestri ruten på Roda di Vael, graderet 6+/A3, væghøjde 400 meter, senere friklatret og graderet 8+. Det var langt over vores niveau, vi havde reelt ikke en jordisk chance, men det var jo sjovt at prøve.

Med Lene Vestergård og Peter Laulund op ad Dibona ruten lige ved siden af væggen i hjørnet mellem selve væggen og den vestvendte stræber, graderet 4+, længde ca. 500 meter.

Vire a biciclette - cykelhylderne

Den traditionelle måde, at angribe en af de store ruter i Alperne involverer et forløb over 2-3 dage. Typisk tager vi en kabellift op i bjergene, hvis der er sådanne i det pågældende område. Derefter går vi op til en bjerghytte eller en bivuak, hvorfra det pågældende projekt kan nås relativt hurtigt tidligt næste morgen.

Den næste dag går så med at komme op til ruten og derefter klatre denne. Sommetider kan dette ikke nås på en dag. Det medfører så en bivuak oppe på bjerget oftest med meget lidt udstyr, da alt skal bæres med. Og svær klatring med tunge rygsække er en heftig og udmattende udfordring. Men det er også den risiko, at vejret skifter og vi får dårlige forhold såsom regn, sne og kulde. Så er det rart med lidt ekstra bivuakudstyr. Så det ender altid med en balance mellem intet bivuakudstyr og ren luksusbivuak med sovepose, kogegrej og rigeligt med mad.

Den tredje dag går så enten med at komme det sidste stykke op på bjerget eller ned, måske forbi hytten vi eventuelt overnattede på eller forbi bivuakpladsen for at hente udstyr. Forhåbentlig når vi ned til dalen på tredjedagen, det hører ihvertfald til sjældenhederne, at vi ikke er nede senest på 3. dagen.

I en periode af mit liv eksperimenterede jeg meget med at forsøge på "store" ruter i Alperne som endagsprojekter. Da jeg ofte på mange af mine klatreture var langt hurtigere end det, som blev beskrevet af andre eller opgivet i guidebøger for området, kom jeg på den tanke, at jeg måske kunne gennemføre hele projektet helt fra dalen og helt tilbage til dalen på en enkelt dag.

Det krævede selvfølgelig en klatremakker med samme indstilling og en fysik, der muliggjorde det. For det var krævende projekter. Mange af de ruter, jeg havde udvalgt til denne strategi, lå 3-5 timers hurtig gang fra dalbunden og der var næsten lige så langt ned igen. Men op til 5 timer kunne vi naturligvis ikke bruge alene på turen op, så var dagen jo nærmest brugt inden vi kom ordentlig igang med klatringen. 3 timer kunne lige accepteres, da vi altid var meget tidligt afsted fra dalen, måske omkring kl. 2 eller 3 om morgenen.

Et af de projekter, som blev udvalgt til afprøvelse af denne strategi var Meije sydvæg, en 800 meter høj stejl væg uden decideret lette ruter. La Meije ligger i Dauphiné området vest for Grenoble og er et område, hvor man de fleste steder skal bruge bentøjet for at komme op til bjergene. Der er et par kabellifte på den nordlige del af massivet fra byen La Grave. Her bruges nordsiden af området til skiløb og La Grave er kendt som et of-pist mekka.

Vores rute på Meije skulle være den klassiske sydvægsrute, som jeg allerede havde forsøgt på – eller rettere lige nåede at starte på nogle år tidligere før et gevaldigt uvejr satte en stopper for forsøget. Vi klatrede og firede ned af 5-6 reblængder mens hagl og regn væltede ned over os og tordenen buldrede.

En af fordelene ved denne endags-strategi var, at vejret i Alperne ikke er kendt for sin stabilitet - selv meteorologerne bliver ikke så sjældent overrasket af de hurtige skift - så jo kortere tid vi opholdt os på bjerget, jo bedre chance for, at vi ikke blev indhentet af et vejrskifte.

Jeg og Michael Hjorth, som skulle sammen med en gruppe andre danskere på den første danske Himalaya ekspedition det samme efterår, trænede sammen i Alperne sommeren 1988. Vi var i superfin form både hvad angår det fysiske og hvad angår det klatretekniske. Så det var oplagt at prøve strategien af på Meije, som jeg havde været oppe ved og kendte det første lille stykke af.

Michael og jeg tog afsted fra den lille bjergby La Berarde, som er det nærmeste støttepunkt, som man kan køre til, en smuk klar nat – og derfor en kold nat. Men med god fart på op gennem dalen, så mærkede vi ikke meget til temperaturen. Vi havde forventet at skulle gå med pandelamper, men det var ikke så mørkt. Vi kom dog af stien en del gange alligevel, specielt hvor den krydsede gamle stenskred var stien kun til at erkende som et lidt mere slidt sted på stenene. Det formåede vi ikke at se i mørket, men trods nogle afveje og besvær med at finde tilbage på den anden side af stenskredet, så kom vi hurtigt opad.

Chatelleret hytten, som fungerer som støttepunkt for mange af de mindre bjerge på vej ind gennem dalen, nås normalt på 2½ time, men vi var der efter kun 1 time og 20 minutter. Vi var foran vores tidsplan, som sagde morgenstart kl. 4 (vi startede faktisk 10 min. for sent), Chatelleret hytten kl. 6 (og her var vi kl. 5.30), indstigningen til ruten kl. 8, klatringen forventede vi skulle vare 8 timer, nedstigningen af Promontoire graten, den letteste på denne den sydlige side af bjerget, skulle kunne gøres på 3 timer og så yderligere 3 timer til at komme tilbage til La Berarde. Så hvis vi holdt planen kunne vi være tilbage i byen kl. 22. Men nødplanen var, at vi kunne overnatte på Promontoire hytten, som lå lige, hvor vores nedstigningsrute kom ned til gletscheren. Gjorde vi det overholdt vi dog ikke vores endags-strategi.

Da vi, efter at have krydset frem og tilbage mellem spalterne i den lille gletscher for foden af væggen, nåede til indstigningen på vores sydvægsrute, kunne vi konstatere, at vi havde holdt forspringet i forhold til tidsplanen. En dejlig beroligende tanke, at være foran fra starten.

Det første stykke klatring var, som sådan noget ofte er lige i niveau med gletscheren, noget løst slam. Gletscheren har været større på et tidspunkt og har ligget op ad væggen og gnavet i den. Frostsprængning præger derfor klipperne og det kræver forsigtighed at komme op. Men det gik fint uden intermezzoer, men vi var også inde i lektien denne sommer. Det var trods alt ikke det første bjerg med en løs indstigning.

Efter de første reblængder aftager stejlheden. Man kommer op i et område, der set på afstand kunne ligne en kæmpestor lænestol. Franskmændene kalder dette "Fauteuil des Allemands" - tyskernes lænestol. Her er klatringen relativt let, men kræver stadig et vågent øje. Michael og jeg klatrede parallelt i dette parti, så vi hurtigt kom forbi og op til der, hvor sydvæggen rejser sig lodret for at fortsætte sådan stort set resten af vejen til toppen. Eneste problem var, at med det tempo, vi satte på her og i en højde af omkring 3400 meter, så blev vi heftigt forpustede og våde af sved.

Og det klamme tøj var ikke rart, da vi kom op i de store, skyggefulde klippekorridorer, som strækker sig op gennem sydvæggen. En del steder lå der is på afsatser og frosset fast inderst i korridoren. Det gav hele foretagendet en lidt dyster stemning og vi kom let til at fryse på standpladserne, når vi skulle stå og sikre hinanden op gennem de relativt svære reblængder. Det mærkedes på tempoet, at vi ikke lige var helt tunet ind på, at der skulle være is på klipperne på denne skønne dag.

Helt galt gik det, da vi et godt stykke oppe rendte ind i klatring, der var klart sværere end noget burde være i denne rute. Altså måtte vi være gået forkert et eller andet sted. Når vi kiggede ned til højre kunne vi se ned i en kolossal afgrund mellem Meije og det næste bjerg. Vi var sandsynligvis kommet for langt til højre, ledet af de store klippekorridorer, som vi havde fulgt.

Efter lidt søgen lykkedes det os at finde en gangbar travers over mod venstre. Vi traverserede omtrent 2 reblængder inden vi stødte på tegn efter andre klatrere – der er altid cigaretskod efter franske klatrere, italienerne efterlader dåser og østrigerne pølsepapir efter deres måltider. Og tyskerne råber bare eder over alle de svin, som godt kan bære tingene op i bjergene, men åbenbart ikke orker tage deres efterladenskaber med ned.

Jeg må give tyskerne ret, det burde være til at rydde op efter sig, men lige nu var vi glade for tegnene på, at vi var på rette spor. Men glæden fortog sig lidt ved et kig på uret. En tommerfingerregel for klatrere siger, at et fejlvalg af rute og tiden med at finde ret vej igen, tager mindst 1 time. Vi havde nok nærmere mistet 2 timer på vores solide omvej. Superærgerligt, når vi nu havde været i så god tid nogle få timer før.

Og så kom starten til enden. Oppe i toppen af den klippekorridor, vi var på vej op gennem, blev den lukket af et gevaldigt overhæng.

Men værst af alt, så hang der en 10 meter høj og over 1 meter bred istap ned med vandet dryppende af sig. Isklatring på en klipperute om sommeren, ikke lige det vi var udrustet til. Jeg klatrede op til den og stod i dryppet og blev rigtig kold og våd mens Michael kom op til mig.

Michael havde lige lidt mere overblik og havde på vej op spottet en vej udenom til venstre. Men det viste sig at være noget af en kamp alligevel, heftig klatring og vådt af det dryppende vand. Efter over en times kamp kunne Michael råbe "standplads" til mig. Det er lidt paradoksalt, at jeg på samme tid ønskede at komme videre med klatringen og næsten ikke kunne komme igang igen. Jeg var simpelt hen blevet så kold og stiv, at jeg næsten ikke kunne finde ud af det.

Hvor jeg fandt sikringsudstyr, så holdt jeg i det i stedet for at holde på klippen med mine hænder. Det var sådan en slags panikreaktion fordi jeg slet ikke kunne finde ud af, at få klatringen til at glide igen.

Efter omkring et kvarter havde jeg dog fået varmen igen og kunne begynde at klatre normalt. Der gik omkring 1½ time fra jeg nåede op til istappen til vi stod ovenfor på "vire a biciclette" – cykelhylderne. Og disse hylder var store, men jeg ville nødig cykle på dem, de var afbrudte og en meter til siden gik det lodret 500 meter ned til tyskernes lænestol.

Vi holdt en pause for at spise lidt og overveje situationen. Og det så ikke for godt ud. Med det tempo vi havde på lige nu og med al den tid, vi havde mistet, så kunne vi formentlig nå toppen lidt før solnedgang. Men turen ned derfra er også ganske krævende og ville ihvertfald kræve, at vi kunne orientere os. Med andre ord, klatrede vi til toppen, så ville vi komme til at bivuakere. Vi havde hver en ekstra fleecetrøje med men ingen regn- og vindtæt jakke, intet varmt tøj ud over trøjen. Det var jo hele ideen, at klatre let og nå helt til tops og helt ned igen.

Hele ideen med forehavendet fortaber sig ligesom i tåger – og i de optårnende, mørke skyer, som ikke mindst forstærker vores incitament til, at stikke halen mellem benene. Så det bliver beslutningen, vende om men hvordan gør vi bedst det.

Vi skal over til den letteste rute på denne side af bjerget, Promontoire graten, som ikke ligefrem kan kaldes normalvej med sin sværhedsgrad op til 5-.

Vire a biciclette giver en god, hurtig vej, men kun et lille stykke over mod Promontoire, så fortaber den sig i "kyklopens øje", som jeg kalder den store gletscher, der på forunderlig vis klynger sig til en fordybning i bjerget. Men vi skal på en eller anden måde over til den modsatte side af gletscheren, da det er her Promontoire går op.

Jeg foreslår at gå op langs kanten af sneen måske delvist inde på den og møde Promontoire ruten oppe for enden af gletscheren. Derfra skulle vi så gå ned igen, men formentlig ville der være et mere eller mindre udpræget spor fra de relativt mange, som bestiger La Meije ad denne rute. Det tager tid, at gå hele vejen op til toppen af isen, beslutningen bliver derfor, at forsøge at komme på tværs af isens underste kant lige hvor vire a biciclette løber ud i den. Måske kan vi delvis gå på klipperne for enden af isen, selv om de ikke ser for lækre ud. De er både våde og oversået med grus og småklipper. Lige den rette coctail den at stå på røven ud over kanten til en længere vertikalt drop.

Men eftermiddagsisen er heller ikke for tillokkende. Den er blød og skrider sammen under os, puha. Hvad er det mindst frastødende alternativ?

Det ender som lidt af et kompromis. Vi går ud af cykelhylderne til de stopper og fortsætter lidt på klipperne ved underkanten af isen, men søger snart op i isen. Michael går forrest, han har klatret med sine store støvler i rygsækken og de er velegnede her i sne og is. Jeg har kun et par klatresko/ støvler, som skal være et godt kompromis mellem en støvle at gå tilgang i og samtidigt kunne anvendes til klatringen. Men de er ikke gode til våd sne, ruskindet labber væden fra isen i sig og jeg får ganske våde fødder. Med Michael forrest til at lave et spor, så går det lige, men når jeg er forrest, så bliver jeg plaskvåd af at sparke støvlerne ind i sneen.

Jeg er lykkelig, da enden af snetraversen nærmer sig. Snart skal vi over på god fast grund, klipperne på Promontoire ruten. Denne benyttes af så mange, at klippen må være helt i orden. Så mange hænder og fødder, der har revet i og skubbet til alt løst.

I mellemtiden har de optårnende skyer trukket sig godt sammen om bjerget. Mens vi står og kigger ud over den første flotte og stejle væg for at finde det abseilsted, der må være, begynder det at regne let. "Oh shit, lige det der manglede," tænker jeg, mens vi står i den småkolde luft med bare fingre og rigger abseilen til. Det er en lang abseil, men vi har heldigvis to halvreb med, så vi kan abseile rebets fulde længde og når ned af stejlvæggen. Men det er ikke uden udfordringer.

Klippen er slet ikke så fast, som vi har forestillet os. Tværtom så tvinges vi til at være meget påpasselige med ikke at skubbe til opstablede blokke. Vi har allerede oppefra observeret, at der ihvertfald er en anden klatrer længere nede. Blokke løsnet herfra ville meget let kunne udgøre en alvorlig trussel for den eller dem længere nede. Men vi kommer ned uden ubehagelige hændelser.

Ruten videre ned har vi har kunnet udspejde oppefra. Ikke fordi vi kender den, men fordi vi som erfarne klatrere kan se, hvor den sandsynligvis går. Der er en korridor ned gennem klipperne, hvor vi kan scramble ned. Ind imellem er der små stejlere klatrepartier. Og det er så passende let, at vi en tid klatrer ned uden sikring. Men vi skal være på vagt hele tiden. Regnen har gjort klippen glat og mange steder løber der ligefrem vand ned over. Der ligger også ofte et lille lag fint grus på klipperne, som får fødderne til at miste fodfæstet.

Men vi er trods alt på hjemmebane, vi er vant til at negociere store strækninger lettere klatring på vej ned fra tinderne. Klatreren, der dukker op nedenunder os, ser lidt mere presset ud. Han eller hun er alene, er der mon sket noget med makkeren eller er det virkelig en ikke særlig kompetent klatrer, der har soloklatret

Promontoire ruten? En enkelt gang får vi løsnet en sten og må råbe advarende ned til den enlige klatrer. Heldigvis tager stenen en helt anden retning.

Vores bange anelser bliver heldigvis gjort til skamme. Han er alene og har været det hele dagen, men selv om det går langsomt, så overbeviser han os om, at han klarer sig fint. Han er bare træt og skal tage det roligt og koncentrere sig. Vi – og soloklatreren – er da også så heldige, at det er holdt op med at regne igen og der er ved at brede sig et smukt aftenlys. Men fuck vi skulle gerne være nede forbi hytten og ude over gletscheren inden det bliver helt mørkt. Vi kender ikke ruten og der kan være problemer med spalter på gletscheren – især hvis man ikke lige om morgenen eller dagen forinden har været over isen og ved, hvor man skal færdes.

Vi når hytten og kigger både opløftede og lidt ængstelige på det smukke skue, da gletscheren lige ved siden af hytten farves rød af den nedgående sol. Et kort hvil tager vi os, men så er også bare videre ned ad.

I starten er det bare lige ud over isen, som er relativt flad, men så tager hældningen til og vores steigeisen kommer på arbejde. Vi er omtrent halvvejs nede af isen inden det mørkner for alvor. Vi har lige overskud til at se op mod nytten og konstatere, at soloklatreren når helskindet ned.

Heldigvis viser der sig ikke de store problemer med spalter, selv i halvmørket kan vi på grund af den lyse sne og den blålige is erkende de enkelte der er. Og det er ikke svært at undgå dem. Snart står vi i fuldkommen mørke nedenfor gletscheren, hvor stien begynder – eller ender alt efter om man er på vej op eller ned. Den lange nedtur kan starte. Målt i timer behøver det vel ikke være mere end 2. Men det er den samme effekt, som i slutningen af et maratonløb, hvor kilometrene vokser indtil de til sidst føles mindst dobbelt så lange.

Nu hvor det er let, er vores koncentration væk og så bliver minutterne lange. Vi tænkte ikke over vores træthed længere oppe, men selvfølgelig er vi ved at være møre. Vi har på dette tidspunkt været afsted og i gang hele tiden i omkring 15 timer. Koncentration er en stærk ting, vi har ikke mærket trætheden komme snigende, men nu kommer den bare væltende ind over os. Trods det går det hurtigt nedad og vi kan overholde tidsplanen på denne bid af vores vej. Kun 2½ time efter vi gik af gletscheren går vi ned ad den sidste lille bakke og kan se aftenlysene i La Berarde.

En vidunderlig fornemmelse trods skuffelsen over ikke at kunne nå målet. Vi har sat overliggeren højt, der blev ingen verdensrekord, men vi ydedede en solid præstation. Træningsmæssigt i lyset af vores nært forestående Himalaya ekspedition noget nær det bedste, vi kunne foretage os.

Der er andre fra den kommende ekspedition i lejren og Helle, min kone. De har ikke ventet os men troede vi ville overnatte på Promontoire hytten. Vi må så skuffe dem med, at godt nok nåede vi langt, men helt til tops kom vi ikke.

Men det har været en god dag trods alt – succes nja det kommer an på, hvordan vi ser det. Strategien var klar og indenfor de rammer, må vi siges at have opnået det optimalt mulige. Det var tekniske forhindringer, som forsinkede os, ikke vores egen ydeevne. Uden dem ville det nok have været muligt om end vi ville være kommet endnu senere ned

Efterskrift:

To år senere forsøgte jeg igen, ikke med en en-dagsstrategi, men med en mere traditionel strategi fokuseret på at nå hele vejen til toppen. Men det kan du læse i novellen "9 timer op, 5 minutter ned" længere fremme i bogen.

Fakta:

La Meije direkte sydvæg, den første rute gennem væggen til at blive etableret af P. Allain og R. Leininger i 1935 er TD+, 800 meter høj, sluttende på Grand Pic de La Meije, med sine 3984 meter den højeste af de 3 toppe i La Meije massivet.

Konkurrence med en guide

Jeg har været inde i denne del af bjergområdet mange gange, men det har altid været med lette småruter eller snebestigninger for øje. Helle, min kone, og jeg har været på mange af de smukke toppe rundt om Refuge de la Pilatte i Daupiné området.

Men denne gang er det en træningstur med "gutterne". Vi er samlet hele flokken, som skal til Ama Dablam i efteråret, til ekspeditionsmøde på hytten om aftenen. I morgen tidlig tager vi på træningsture i området. Det bliver et ophedet ekspeditionsmøde med en del uenighed om klatrestil og ledelse. Vi, der ser det som en naturlig videreudvikling af vores klatrekarriere, mener ikke der skal være en decideret ledelse, som kan beslutte hvem der skal til tops. Det skal komme af sig selv – dem der klatrer godt og er i rigtig position på bjerget når forholdene er rigtige, de er med i topforsøget.

Og hvad stil angår, så kan det godt være, at topchancen er større på traditionelle ekspeditioner, hvor man bærer udrustning og mad op, etablerer flere lejre og til sidst trækker sig tilbage til basecamp for at hvile ud inden topforsøget. Men som aktiv klatrer, så er det meget mere givende at akklimatisere sig og så pakke alt det, vi skal bruge på bjerget i et topforsøg. Så begiver man sig opad mod toppen i ét langt push mod målet. Når vi det ikke, så vender vi tilbage til basecamp og hviler ud inden vi prøver på samme måde igen.

Ekspeditionsstilen slider folk op, så kun dem der måske har opført sig lidt primadonna-agtigt og ikke har taget helt deres tørn, har de bedste chancer for at nå toppen. Alpinstilen, som den hårdere men mere direkte facon kaldes, giver mere lige muligheder til alle. Men det kan være hårdt, benhårdt, at starte med en kæmpe rygsæk med alt til måske en uges tur opad bjerget. Efterhånden bliver det lettere fordi du efterlader ting til nedturen, spiser sig gennem maden og bruger brændstoffet. På selve topdagen har du så bare en lille dagtursrygsæk med lidt at spise og drikke, lidt overtøj, dit kamera og måske en walkie-talkie.

Vi når ikke til enighed på dette ekspeditionsmøde, men vi får da luftet vore tanker og finder ud af, hvad den enkeltes standpunkt er.

Natten tilbringes i bivuak et lille stykke væk fra Pilatte hytten, for selv om jeg sagtens kunne betale prisen for hytteovernatningen, så holder jeg mest af at ligge og kigge direkte op på stjernerne – i det mindste når vejret er godt. Der er så mange forstyrrelser på hytterne, folk der er oppe længere end en selv, nattetisserne der ikke kan finde ud af at liste afsted og så værst af alt, dem der snorker højlydt. Så er den kolde luft heller ikke at foragte. Jeg sover næsten altid godt med den friske luft i næseboerne.

Hvad der lige er Jan Nicolaysens, Søren Smidts og Michaels Hjorths begrundelse for at sove ude ved jeg ikke. Men det er meget hyggeligt at ligge her på en række som kæmpepupper parat til at komme ud af soveposen som alpinister i morgen.

Vi bliver vækket tidligt, da der er mange andre på hytten, som også skal afsted på ture idag. Og dem der følges med de franske guider står særlig tidligt op. De vil ikke bagerst i rækken, det er guiderne meget ærekære om. Vi har ingen forventning om, at der er andre, som skal klatre det samme som os – og ruten er relativt kort – så vi sover lidt længere.

Michael var den, der først måtte op på naturens vegne og så synes han åbenbart også, at vi andre skulle vågne. Men han gjorde os den uselviske tjeneste, at få sat gang i vores lille kogeapparat, så vi kan få noget varmt at drikke. Med fingrene omkring det varme kaffekrus, så kommer der efterhånden lidt liv i vore dovne kroppe. Morgenrøden har vist sig, da vi begynder indtage et simpelt morgenmåltid. Jeg har næsten altid lidt muesli og iblandet mælkepulver med som morgenmad. Så skal jeg bare huske at have feltflasken med ned i soveposen ellers er vandet frosset om morgenen.

Vi skal op og klatre nordøstryggen på Les Bans, en ganske flot udseende ca. 500 meter høj klippekant, som rejser sig fra Pilatte gletscheren omkring to timers gåtur fra hytten.

Turen over gletscheren går nemt, der er næsten ingen spalter og vi kommer hurtigt frem. Men lidt fra ruten stopper vi op og kigger. Der er allerede nogen igang og det er vi ikke glade for. Vi har ingen forventning om, at have bjerget for os selv, men det er ikke en rute, som klatres ofte. Og så lige idag er der altså nogen foran os på den. Det ser ud til at være en de lokale guider, som har to klienter med sig. Det er ihvertfald den samme, der fører alle reblængderne.

Hvis der er uerfarne foran os i en rute, hvor der kan være løse sten, så kan vi risikere at blive bombarderet. Efter at have kigget lidt bliver vi dog enige om, at det ser tilforladeligt ud. Men det kan komme til at sænke vores tempo og nu ville vi jo netop bruge turen til at få checket, at vi kan komme op i det nødvendige gear for at lave vores forestående Himalaya projekt i sikker stil.

Da vi starter op efter guiden kan vi se, han heller ikke er begejstret over vores tilstedeværelse. Da han føler sig presset, forsøger han at sætte tempoet op. Men vi finder hurtigt en rigtig god rytme og da vi alle er hjemmevant på en del sværere klatring, så stryger vi snart efter forbi. Søren og Jan løber nærmest op ad klippen på den ene side af guiden og Michael og jeg på den anden side.

Det kører i den grad for os og reblængderne forsvinder hurtigt under os. Snart er guide og klienter helt ude af syne og vi kan bare nyde en perfekt dag. Vi holder af at klatre svært og forsøge at presse vores grænse i vejret, men sådan en dag som i dag, hvor vi nærmest kan klatre på autopilot kommer jeg i en helt meditativ stemning under klatringen. Vi behøver ikke anstrenge os, rytme og erfaring giver klatringen sikkerhed og moment. Vi begynder allerede at forestille os, at vi tidligt om eftermiddagen vil være tilbage på hytten. Vi når topkammen knap 3½ time efter starten, hvilket er over en time hurtigere end vores guidebog angiver.

Efter at have nydt noget simpel frokost fortsætter vi mod toppen til en større overraskelse. Ligeså perfekt det hele gik på turen op, ligeså elendigt går det videre herfra.

Sidst jeg var på Les Bans med Helle var der en tør klippekam mellem nord- og sydtoppen med ganske let klatring – næsten en gåtur. I dag er det hele dækket af et tykt lag sne og nogle steder er der overiset, så vi skal passe på ikke at skøjte af.

Nedturen bliver derfor lidt af en kamp og bliver ikke lettere af, at vores abseilreb sætter sig fast undervejs. Da vi endelig når ned på gletscheren er sneen blevet meget blød og vi får jokket benene ned i nogle af spalterne undervejs mod hytten. Men trods forhindringerne så forbliver det en god dag. Vi er trætte men tilfredse, da vi når Refuge de la Pilatte.

De andre vil blive på hytten, de har ikke børn ventende nede i dalen, men jeg vil ned til Helle og min søn Rasmus. Jeg pakker mine ting og tager 2 timers turen i let løb ned til La Berarde med oveni.

Søren, Jan og Michael hilser på guiden, vi overhalede, næste morgen. Han og de to klienter nåede først tilbage til hytten ved to-tiden om natten omkring 10 timer senere end os. Han er tydeligt imponeret over vores tempo og gentager flere gange, "Trés vite!" (meget hurtige).

Fakta:

Les Bans, 3670 meter, nordøstpillaren 500 højdemeter D, Støttepunkt på denne side af bjerget, Refuge de la Pilatte i ca. 2700 meters højde.

Hytten til indstigningen: de ca. 600 højdemeter tager 2 timer, indstigningen til nordtoppen 4 timer, nordtoppen til sydtoppen 1 time, sydtoppen til hytten 3 timer, i alt 10 timer. Når ikke der ligger tonsvis af sne og abseilrebene klemmer sig fast ☹

Tågede beslutninger

Catinaccio sydvæg med Ole Bernsen

Catinaccios sydvæg står stelt op fra de obligatoriske Dolomit grusskråninger over Fassa dalen. Rosengarten, som det smukke område kaldes på det allerstedsnærværende tyske andetsprog, er et lille bjergområde centralt i Dolomiterne. Dybt nedskårne dale omgiver bjergene på alle sider og skiller dem fra andre nært liggende dolomitbjerge.

Men nok er området lille til gengæld er det kompakt med mange separate toppe, som bærer ruter af eller navn efter mange af de allermest kendte klatrekoryfæer. Vajolet tårnene, Torre Piaz, Torre Winkler, Torre Stabeler, Torre Delago er alle sylespidse toppe navngivet på denne måde. Op gennem en snæver slugt går en vandresti, som i passet for enden af Vajolet dalen går over i en klettersteig. Via denne kan man passere over på den anden side af bjergene og komme hele vejen rundt om massivet. Her ligger bl.a. Roda di Vael fra historien om morgenrødens væg.

Men nok er disse tårn imponerende pga. deres beliggenhed tæt på den snævre slugt imellem dem og Catinaccio, den absolut mest imponerende klippebastion er dog Cattinacio selv.

Ud mod Val di Fassa står væggen næsten lodret 800 meter i vejret og udgør dermed en nærmest uimodståelig udfordring for Ole Bernsen og jeg, som er i det nærliggende bjergområde, Sella, for at klatre denne sommer.

Efter mange gode klatreture sammen i Sella skal tiden i dette område afsluttes med et ordentlig brag. Og det bliver den smukke, stejle Steger rute på sydvæggen af Catinnacio vi vælger. Vi er nærmest i en uimodståelig form, så det er meget passende hit.

Vi står op i buldermørke en meget tidlig morgen og kører fra teltene i Sella passet uden at kunne se særlig meget af omgivelserne omkring os. Efter en times kørsel når vi den lille parkeringsplads, som synes at ligge lige under Catinaccio. Men der er stadig en times vandring ad småstier og til sidst op over uvejsomme grusskråninger til foden af bjerget.

Den særlige fornemmelse af, at være i gang med noget stort har for længst bredt sig. Maven siger lyde og jeg er spændt, men ikke mere end jeg trods alt har sovet godt i nat. Det hænder ind imellem, at jeg ikke får lukket et øje før de store udfordringer. Specielt hvis udgangspunktet er en hytte, hvor der samtidigt er lidt uro som min egen indre uro kan føje sig til. Det forunderlige ved fornemmelsen er, at så snart vi er i gang, så fokuserer jeg alt på fremdrift og al tvivl – som det vel i bund og grund er – forsvinder ud af tankebanrne. Så er der kun en vej, fremad og opad. Tvivlen kan komme igen, hvis det går for langsomt eller hvis vi skulle være så uheldige, at gå forkert og havne i noget klatring, der ikke fører til noget eller er for svært.

Men det sker ikke i dag. Efter nervøsiteten har lagt sig i løbet af den første reblængde, så kører det på allerbedste vis. Vi taler ikke så meget sammen, men kommunikerer primært gennem rebet og vores bevægelser opad den imponerende væg. Veksler måske nogle ord på standpladserne, når vi bytter føring, men vi er koncentrerede og har vores fokus på vejen frem.

Catinnacios sydvæg står synligt næsten hele vejen op til toppen. Dens form er som et kæmpestort frugtfad stillet på højkant; ikke så stejlt her i starten, men jo højere vi kommer, jo stejlere bliver det. Og den ender i en 100 meter høj lettere overhængende væg. Nu lader vi os ikke snyde af stejlheden til at tro, at det sværeste klatring ligger til sidst. Vi ved på forhånd meget om ruten, så meget at vi ved den første tredjedel vil afgøre, om vi kan klatre hele ruten. Der vil også være forhindringer længere oppe, men vi vil nok ikke blive presset helt så meget som i den lille crux-væg ca. 200 meter over starten. Men nogle overraskelser venter os trods vores grundige forberedelser alligevel.

Klippen har været lidt løs i starten, noget jeg også oplevede med Peter Laulund, da jeg sidst var på væggen. Peter og jeg forsøgte at klatre en rute lidt længere mod øst på denne store væg. Men efter 3 reblængder med løs klippe, der tilsyneladende ikke blev bedre, besluttede vi at livet var bedre uden denne klatring og uden risikoen for at få et læs løse sten i hovedet.

I dag går det meget bedre, klippens beskaffenhed bliver hurtigt god, men samtidig bliver klatringen svær. Men vi er godt kørende og fremdriften er fin. Ovenover os kan vi se en glat, stejl væg, det må være crux-reblængden. Jeg prøver at estimere reblængderne, så jeg kan komme til at føre den, men jeg behøver ikke gøre så meget, da de naturlige standpladser passer lige i mit favør.

En times tid senere står vi lige under et lille overhæng, som stikker ud i toppen af en diedre. Reblængden ser ikke så lang ud, men jeg kan ikke se fortsættelsen oppe forbi overhænget. Reelt kender jeg altså kun de første 15 meter. Jeg får alt udstyret overdraget; karabinere, slynger, klemkiler og de få friends, vi har.

Diedren volder ikke problemer til trods for stejlheden. Der er hele tiden en lille liste på den en af siderne, som jeg kan stå på. Og med den anden fod presset mod den modsatstående væg - selv om der ikke er fremspring der – kan jeg sikre foden ikke glider af listen. Men ved det lille overhæng synes jeg, det begynder at blive lidt tricky. Der er en sprække op gennem den udhængende klippe, men intet andet at holde i eller stå på. Jeg traverserer lidt ud mod venstre rundt om et lille hjørne for at kigge på mulighederne der. Men det ser bare mere håbløst ud. Tilbage igen beslutter jeg mig for, at sætte en god sikring i bunden af risset og give det et energisk forsøg.

En helt sikker friendplacering giver den nødvendige psykiske ballast til forsøget. Og med en god portion selvtillid fra de mange svære passager, Ole og jeg har klatret sammen på det sidste, går jeg i gang. Hænderne jammes i risset, ikke en teknik jeg bruger særlig tit i kalkklippe.

Under klatring i granit bruger jeg ofte jamteknik, da klippen er så ru, at hænderne næsten klæber til klippen. Men kalken virker lidt glattere og en rute skal ikke klatres mange gange før denne glathed tager markant til. Ofte klatrerede kalkruter kan blive glatte som en isoverflade. Men længden og sværhedsgraden af denne rute har holdt flertallet fra at klatre her. Derfor er klippen relativt ru og jeg får godt fat.

De første bevægelser opad går rigtig fint, men jeg indser hurtigt, at jeg ikke kan stoppe op og sikre igen. Jeg kan simpelt hen ikke holde pause midt i det her. Det ser heldigvis ikke ud til, at vare meget længere. Der begynder at blive langt ned til den sidste sikring, men fra et sted i mig breder en koncentreret ro sig. Jeg kan mærke, jeg er i kontrol af situationen trods de manglende sikringer. Fødderne bliver sat ekstremt præcist, hvor små ujævnheder kan give fæste. Jeg er klar over, at en fod, der smutter her fører til et langt ukontrollerbart styrt. Men med den fokus jeg nu har på mulighederne i stedet for, hvad der kan gå galt, kan jeg stadig bevæge mig smidigt op ad klippen uden at gå i panikagtig baglås.

Hvor tit sker det ikke i andre sammenhænge, at jeg ser mennesker, som højlydt udtaler, at det her kan de ikke. Og så mislykkes det for dem. Mens de der ser muligheden for en positiv udgang på en udfordring har så langt større chance for succes.

Klippen forsvinder forbi mig i et godt tempo, der er flow i klatringen og nogle meter oppe dukker muligheden for en standplads op. Sværhedsgraden falder, klippen er opbrudt med masser af greb og trin, men det er en anelse løst lige her. Det kræver en anden form for koncentration og jeg kan stadig ikke sikre, da der ikke findes en mulighed i den løse klippe.

Men efter nogle forsigtige bevægelser og test af holdbarheden af det jeg står på og holder i, når jeg langt om længe op til standpladsen. Et kig på uret afslører, at det ikke er tiden, der er gået. Det har bare pga. den kritiske situation føltes som lang tid. Jeg er lettere opløftet, da jeg råder "standplads" til Ole. Han svarer et eller andet, som jeg ikke kan høre. Ole befinder sig under overhænget og lyden fra hans råb går lige ud i luften. Men rebet bliver helt løst og signalerer, at han har forstået mit råb. Jeg kan nu tage en slapper og bemærker, at jeg er har svedt rigtig meget, noget jeg ikke ænsede mens jeg var i dyb koncentration.

Ole råber igen, jeg kan ikke høre hvad, men vi kender hinanden og jeg ved, han må være klar til at klatre. Da jeg strammer rebet begynder det da også at komme op til mig, Ole er i gang med cruxet. Det tager også sin tid, så jeg får god tid til at spejde op ad væggen ovenover mig. Det er lige her frugtfadet for alvor begynder at stejle til. Der er først et stykke, som ikke er så stejlt og som ser lidt brudt ud, men så stiger stejlheden hurtigt. Deroppe ved jeg, at vi skal finde en markant kamin, som vi skal op igennem i flere reblængder. Det er jeg noget spændt på. Cruxet er vi jo passeret forbi, men kaminer føles ofte sværere end de egentlig er for os, som ikke er så vant med dem.

Her i Dolomitterne er kaminer noget man møder på de fleste større klatreruter og dem som klatrer ofte i disse bjerge har vænnet sig til dem. Problemet er, at det kan føleslidt klaustrofobisk og der kan være meget langt mellem sikringerne. Til gengæld er det ofte muligt at komme til at finde en hvileposition undervejs.

Ole kommer op til mig efter udfordringen i cruxet og overtager føringen op over den første af de noget lettere reblængder. Reblængderne fører os op mod kaminen, som jeg mener at have spottet fra min standplads. Den første længde i kaminen bliver Oles føring, hvilket jeg et sted er meget glad for. Ole er en klassisk klatrer forstået på den måde, at han er opflasket med gode gammeldags klatreteknikker. Han har i sin tid klatret mange flere kaminer – og sikkert også sværere – end dem jeg har.

Men når først vi er i gang med den, så kører det sikkert også fint for mig tænker jeg. Den næste reblængde er min føring op gennem den midterste del af kaminen. Omtrent midvejs snævrer kaminen ind og bliver så smal, at jeg ikke kan komme igennem med rygsækken på ryggen. Jeg binder en slynge i den og kobler den på klatreselen. Så maser jeg mig gennem det trange parti med min ballast hængende en meter under mig. Det føles ikke rart, men jeg foretrækker at komme op herinde i kaminens snævre, mørke indre frem for, at klatre ude på yderkanten.

Det der gør mig noget utryg er den lange strækning, jeg endnu en gang må klatre uden sikring. Der er simpelt hen ingen muligheder herinde. Reblængden er lang, omkring 45 meter, og jeg har en sikring på hele længden. Det ville ikke være et rart sted at tage et styrt, men det bliver heldigvis heller ikke aktuelt. Efter hvad der føles som en time når jeg en godt sikret standplads, hvor jeg kan stå på en hylde inde i kaminen og give Ole den støtte, han har brug for til at komme hurtigt efter.

Den sidste reblængde gennem kaminen fører Ole hurtigt, men der venter os en grim overraskelse på den anden side. Da vi dukker ud af kaminen til dagslyset ser vi til vores skræk, at der har samlet sig en stor sort sky oppe over toppen af bjerget. Og den vokser mens vi ser på den. Der var lovet fornuftigt vejr, men nu ser det ud som om, vi kan få regn hvert øjeblik.

Der er langt ned, hvorfor vi beslutter os for at fortsætte over toppen uanset vejret. Det eneste vi for alvor frygter er, at det bliver tordenvejr. Så er vi virkelig udsatte her på væggen under 200 meter fra toppen.

Efter yderligere et par reblængder – heldigvis i lettere terræn – når vi op under den stejleste del af væggen, som hænger ud over hovedet på os. Nu kan vi se, hvorfor ruten drejer skarpt mod højre her. Der er en rampelignende formation, som fører ud til noget, som synes at være en let klippekam. Det må være en enkel og hurtig vej til toppen.

Tiden er stadig ikke så fremskreden selv om specielt kaminreblængderne tog noget længere end forventet. Men vi er også mere nervøse for skyformationen og dens udvikling. Mens Ole fører opad rampen mod højre tager skyernes tæthed til og de sænker sig ned. Ole forsvinder i tåger, så jeg kun ser halvdelen af rebet og ikke længere har øjenkontakt med min makker.

Vi skynder os af frygt for regn og torden, men der er stadig et par reblængder op til topkammen. Og det er endnu nogle kaminlængder, vi lige skal igennem krydret med en stor fastklemt blok inde i kaminen. Men det er ikke så svært som længere nede – eller også er vi bare så opsat på at komme op nu, at vi slet ikke lægger mærke til det.

Efter kaminen er det lettere opad mod topkammen. Men selv om sværhedsgraden nu er faldet mærkbart skal vi alligevel passe meget på for klippen er meget forvitret heroppe i de topnære regioner. Sommetider kan et tilsyneladende sikkert udseende greb pilles af med de bare fingre. Og gode sikringer er der ikke så mange af.

Det bliver bedre, da vi når topkammen, vi kan klatre parallelt med rebet mellem os og lægge slynger rundt om små klippespir. På denne måde når vi toppen af bjerget i tæt, tæt tåge med sigt på 20 meter allersidst på eftermiddagen.

Vi bliver lidt våde bare af gå gennem tågen, men det har tilsyneladende ikke tænkt sig at regne eller – superheldigt for os i denne position – tordne. Efter et kort hvil på toppen begynder vi turen ned på den anden side af Catinaccio. Beskrivelsen af nedturen gør det til et relativt kortvarigt forehavende. Men der er nogle fixpunkter, som vi skal have fastlagt for at kunne finde den rigtige vej ellers aner vi ikke hvor vi havner.

I tågen er fixpunkterne ikke så lette at overskue. Vi skal gå ned ad en kam mod nordøst og der skal komme et tydeligt pas. Men som vi tramper rundt her i tågen, så er det ikke helt klart om det er den rigtige kam vi er på vej nedad. Kompasretningen er god nok, men der er mange kamme og de synes at dreje lidt den ene og så den anden vej. Om det lige er den rigtige kam er svært at vide.

Der dukker også et pas op, som er lidt mere tydeligt end de andre, vi har passeret - eller set ovre på de andre kamme. Men er det lige netop det rigtige markante pas? Vi kan ikke se andre længere nede og ud fra beskrivelsen skulle der ikke være så langt. Vi finder også noget efterladt udstyr, som tyder på, at der er andre, der har været forbi her. Er det lille pas det rigtige, så skal vi fire os nogle reblængder ned herfra.

Vi holde en lille pause i håbet om, at tågen vil lette lidt, så vi kan overskue kammen og dem ved siden af. Så ville vi helt sikkert straks vide, om vi var det rigtige sted. Men der sker intet og vi må til at tage beslutning. Om et par timer bliver det mørkt og så bliver det først rigtig vanskeligt at komme ned herfra.

Vi enes om, at abseile ned herfra, hvor andre har placeret et abseilanker. Vi kan fire et stykke ned og se om vi ikke finder det sted, hvorfra vi skulle kunne klatre resten af vejen ned. Vi forestiller os, at vi kan komme op hertil igen, hvis det skulle vise sig at være forkert.

Abseilen går fint og hurtigt og snart står Ole og jeg ca. 45 meter længere nede. Her leder vi et stykke tid efter den lille lette væg, man skulle klatre ned over. Imens bliver tågen så tæt, at det er ved at blive mørkt - længe før det skulle blive. Det er lidt kritisk. Lidt pressede beslutter vi os for, at vi vil abseile en reblængde længere ned, da vi ikke kan være langt over jorden. Selv om det måske ikke er den rigtige kam, så kan vi ikke være langt fra stedet. Og hvis man på den rigtige kunne nå ned med en abseil og et stykke klatring, så kan der heller ikke være langt her.

Men der er ikke gode sikringsplaceringer og intet efterladt udstyr. Vi rigger selv et anker til og lægger rebet gennem, så vi kan trække det ned efter os på næste stoppested. Det går også fint indtil, vi skal trække rebet ned. Det kommer kun et lille stykke ned og sætter sig så fast. Vi trækker begge to alt hvad vi kan på samme tid, men lige meget hjælper det. Det har sat sig uhjælpeligt fast. Og hvad der er værre, vi fik trukket det et stykke ned, så der hænger en fri ende højt oppe i luften over os.

Det er den farligste situation man kan forestille sig. Væggen over os er stærkt overhængende og ikke lige til at klatre op ad. Vi har kun en lille stump reb at sikre med og vi har ikke fat i begge ender. Så vi kan ikke sikre os mod, at rebet pludselig begynder at glide, hvis vi bruger vores små rebtricks til at komme op ad rebet med.

Ole giver det alligevel et forsøg og klatrer lidt op ad væggen sikret med den smule reb vi har. Og har når op til, hvor rebet ligger dobbelt. Derfra kan han med prussikknuder rundt om begge reb klatre langsomt opad rebet. Men det tager oceaner af tid før han forsvinder ud af syne oppe over overhænget. Der går lang tid, før der sker noget, men så bevæger rebet sig pludselig og bliver trukket op. Lidt efter kommer begge ender ned sammen og falder til ro ud for, hvor jeg står. Kort efter kommer Ole ned ad rebet igen og stopper ved min standplads.

Han bliver koblet på og kan fortælle mig, at det er et håbløst sted at abseile. Rebet havde sat sig fast i en revne, som det næsten ikke kan undgås, at det lægger sig i igen. Vi prøver at trække rebet ned igen, men der sker det samme som sidst. Det sætter sig fast og vil ikke ud af flækken.

Vi kigger opgivende på hinanden i det hurtigt voksende mørke. Vi har begge fået nok af forviklinger, vi vil bare ned nu og håber bare at det ikke snart starter med at regne. Det bliver lidt et sats, men vi er indstillet på det. Vi skærer så meget af rebet, som vi kan komme til og klatrer så videre nedad med det. Men vi kan næsten ikke se noget mere, kun svagt kan vi skelne væggene rundt omkring os og nedad ser vi ud i en næsten helt sort tåge.

Ole bliver sikret oppefra, så det er mig, der skal klatre sidst ned. Han klatrer ned gennem endnu et overhæng, denne gang en overhængende kamin. Men pludselig råber han op til mig, at han tror han er nede. Der er i hvert fald en urskråning nedenfor ham. Om der eventuelt skulle være mere klatring længere nede, det kan han ikke vide eller se.

Derfor er jeg nødt til at have vores lille rebstump med ned. Jeg lægger det derfor dobbelt, så jeg kan trække det efter mig. Men det betyder også, at jeg med rebet til sikring kun kan nå halvt så langt ned som Ole. Abseilen i rebet ender midt i den overhængende kamin, men jeg kan se Ole lidt længere nede og det ser ikke så svært ud. Jeg frigør mig af rebet og trækker det ned. Hvorefter jeg med hjertet bankende af nervøsitet klatrer ned gennem den sidste del af kaminen uden sikring.

Det går fint og nu er Ole og jeg igen sammen og forhåbentlig er der ikke flere udfordringer til os – ud over den lange gåtur ned gennem slugten. Spørgsmålet er så om vi kan finde vejen. Pandelamper har vi jo ikke taget med os, så vi skal famle os frem gennem den næsten helt mørke nat.

Men vi er ikke helt afslappede endnu. Vi ved jo intet om det sted vi står. Vi tror, vi er lidt for langt mod vest i forhold til, hvad vi skulle være og under alle omstændigheder skal vi søge mod øst. Det skyldes vores viden om, at mod vest står hele massivet med en utrolig stejl og høj væg ud mod dalen. Det skal ikke være det terræn, vi skal havne i, så kommer vi til at overnatte heroppe.

Det er en stejl skråning, men den fortsætter nedad i tågen og efterhånden som vi kommer nedad bliver sigtbarheden endda bedre. På et tidspunkt begynder vi at kunne se flere hundrede meter. Og med et kan vi begynde at tage mere afslappet på det. Vi er på rette vej nu. For enden af den stejle ur ligger Vajolet dalen for foden af de kendte tårn; Delago, Stabeler og Winkler – alle opkaldt efter førstebestigerne af det pågældende tårn. Snart kan vi erkende deres profiler gennem tågen. Så er der bare halvanden time til bilen og en god times tid til teltene i Sella passet – med mad og drikkevarer.

Vores beslutsomhed er vel belønnet næste dag. Vi står sent op i silende regn. Godt vi ofrede rebene og bare kom ned i stedet for at risikere en bivuak, der så ville være endt med at blive meget kold og våd.

Fakta: Catinaccio/Rosengarten Spitze sydvæg, Steger ruten, 600 meter, sværhedsgrad 6-

Resultat: 2 stykker reb på 8 meter blev tilbage af de to reb på hver 45 meter. Men vi fuldførte den flotte Steger rute op ad Catinaccios høje sydvæg. Ikke en høj pris at betale.

Tre dårlige varsler

Mens jeg tager rebet ind til Henrik efter første reblængde tænker jeg over de 3 dårlige varsler, vi har fået.

I går nåede vi, Henrik Jessen Hansen og jeg, i god form hytten midt på eftermiddagen. Mens vi sad terrassen og nød solen og udsigten til vores mål, den 1000 meter høje nordøstvæg på Piz Badile, begyndte skyerne hurtigt at trække sammen.

Snart siler regnen ned og lynene kommer med korte mellemrum. Det er ikke et varsel, vi kan lide, specielt ikke når vi tænker på førstebestigernes skæbne. 5 klatrere i to forskellige hold, heraf det ene med meget erfarne folk, tog afsted i forsøget på at blive de første. Da forholdene på bjerget blev helt forfærdelige med kraftigt snefald og kuldegrader midt om sommeren, besluttede de at forene kræfterne for at øge chancen for at slippe fra det med livet i behold. Den sidste dag på bjerget dør to af bestigerne af exposure under nedturen fra toppen.

Men idag vil regnen og tordenen snart holde op bedyrer hytteværten. I morgen vil vi som det andet reblag i år kunne klatre væggen og vil samtidig blive det første danske reblag nogensinde.

Da mørket begynder at sænke sig regner det stadig tungt. Vi bliver noget bekymrede for denne udvikling i vejret. Tankerne om førstebestigningen giver meget respekt. Der er ikke andre end os, der skal lave noget alvorligt. Derfor er stemningen blandt de få mennesker på hytten høj. De indtager en del rødvin og madvarer, mens vi sidder og tænker på det første varsel, vi fik.

Vi er på vej op til hytten fra bilen, som Jan Mathorne skal køre tilbage til Mello dalen i Italien hvor resten af vennerne og familien ligger i telt. Pludselig kommer Henrik i tanke om, at han har glemt sin pung med penge og UIAA-kort. Vi har kun gået 5 minutter, så han smider rygsækken og spurter så hurtigt han kan – i sine store støvler - ned hvor vi forlod bilen.

Da jeg har fået hygget mig 10 minutters tid i solen, vender Henrik skuffet tilbage. Jan var kørt. Bare de nu ikke bøffer Henrik for fuld takst på hytten. "Jeg har penge til overnatning, en ret mad og morgenmad," siger jeg trøstende til Henrik.

Resten af turen til Sciora hytten går vi i fint tempo. Til trods for Henriks lille omvej når vi hytten på lidt over halvdelen af guidebogens angivelse.

Allerede ved 8 tiden går vi i seng. Skyerne hænger stadig tungt, sommetider regner det stadig lidt. Men tordenen er holdt op.

Hytteværten mener vi skal stå op klokken fire. Det undrer os meget. Hun lige har fortalt os, at årets første reblag - 2 polakker - var 24 timer undervejs op ad nordøstvæggen og ned ad nordkanten. Vi be'r om vækning kl. 2.30. Så må vi nøjes med varmt vand på en termokande og mad gjort klar inden hun går i seng. Dovne hund !

De andre hygger sig i stuen til lidt ud på aftenen. Derefter tramper de op og ned ad trappen lige bag vores værelse. Jeg sover næsten altid dårligt på alpehytterne, dårligt sovehjerte og den lille spænding i maven pga. forestående projekter gør det svært.

Vækkeuret trænger larmende gennem mine drømme kl. 2.30 om morgenen. Så fik jeg for en gangs skyld sovet en rimelig nattesøvn. Vi skynder os ud for at se på vejret inden vi tager alt tøjet på. Men vi behøver ikke bekymre os om vejret. Det er skyfrit ,stille og koldt. Men er alt vandet på væggen så frosset til det tynde, meget generende ispanser vi kalder verglas ?

Efter en hurtig morgenmad forlader vi hytten omkring halv fire. Det er en ikke helt ubetydelig tur over til indstigningen. I mørket går vi fejl af stien mange gange. Det sidste stykke op mod indstigningen går over en lille snedækket gletscer lige nedenfor væggen. Der er kun nogle enkelte reblag på vej til nordkanten fra den anden hytte lige nedenfor nordkanten. Vi håber at kunne komme først op i nordøstvæggen, hvis der overhovedet er andre, der skal derop.

Da vi når indstigningen starter vi opad med det samme uden at binde os ind. Klippen er meget løs her i starten, men klatringen er let. En blok, jeg holder i med højre hånd, løsner sig pludselig. Venstre hånd støtter kun på klippen. Jeg foretager en hurtig bevægelse med højre hånd for at få fat i en lille kant lige under blokken, som rammer ned over mine fingre. Jeg bliver hængende, men det gør ondt i et par af fingrene.

Jeg fortsætter op til en lille hylde lige ovenfor, hvor jeg kigger fingrene efter. Det eneste jeg kan se er en stor klemlus på en finger. Ellers ser jeg ud til at være sluppet. Men, uden at det er noget magisk for mig, så kan jeg ikke lide, at der nu er tre ting, der er gået lidt skævt for os. Henrik har intet opdaget. Jeg synes det er lidt pinligt at være så bekymret, derfor fortsætter jeg videre i den lange opstigende travers mod højre.

Da det er ved at blive lyst for alvor, klatrer vi væggens første svære reblængde, en 30 meter lang diedre. Rebet er kommet på, men vi holder stadig en god hastighed. Mens jeg sikrer Henrik op, får jeg lige tid til at tænke over alle de dårlige varsler. Men jeg får heldigvis også gravet de positive signaler op af hukommelsen, så regnskabet er ikke så dårligt endda. Vi var hurtige på hyttetilgangen, vi var tidligt ved indstigningen og vi har holdt en god hastighed indtil nu. Jeg får ro i sindet og skubber tankerne fra mig.

De næste reblængder er en ny og relativt lang travers opad mod venstre. Vi når ind under et lille overhæng, hvorfra traversen tilsyneladende fortsætter rundt om et hjørne. Her skulle være en svær og tydelig diedre opad.

Traversen om hjørnet viser sig at være løs og svær. Længe forsøger jeg lidt oppe, lidt nede, men ingen muligheder. Tilbage til Henrik. Vi beslutter os for at prøve lidt tilbage, men her er bare grebløse platter ovenfor. Tilbage ved hjørnet forsøger Henrik nu at komme rundt. Han har lige så lidt succes. Nærmest som ved et tilfælde læner Henrik sig langt ud og kigger lige op over overhænget. Der lige for næsen af os ligger diedren. Henrik kommer tilbage til mig og jeg får æren af overhænget og den smukke diedre. Superb klatring igen, vi har allerede haft et par gode reblængder længere ned.

De næste meget fine reblængder fører os op til endnu en opstigende travers mod venstre. Vi er nu ved at komme ud i nordøstvæggens store trug. Truget er berygtet i dårligt vejr, enten vælter vandfald eller pulversnelaviner ned over væggen. Men det behøver vi ikke bekymre os om med det flotte vejr, vi har i dag.

For enden af traversen når vi et lille snefelt for foden af væggens øverste tredjedel. Vi har gjort et godt stykke arbejde nedenfor trods vores problem med at finde ruten. Jeg overvejer om jeg skal tage støvlerne på, men føler trods den gode fremdrift alligevel et vist tidspres. Derfor fortsætter jeg med det samme og sparker indadhældende trin op igennem snefeltet, så jeg og snart Henrik kan stå fast med de i dette terræn skøjteglatte friktionssko.

Efter snefeltet sidder jeg med våde frikker og kigger på aluminiumskassen med vægbogen mens Henrik kommer op til mig. Han fortsætter støt og roligt videre op gennem væggens sværeste reblængde. En reblængde, der næsten har det hele i sig. Lidt diedre, lidt slab og hele vejen solid sjette grad primært sikret med egne sikringer. Der følger en række fine og varierede reblængder over slab, riss og stejle vægge i op til sjette grad.

Over dette kommer det parti, vi har frygtet mest efter gårsdagens langvarige regnskylle: 3 lange reblængder i en bred kamin, berygtet for at være våd og glat.

Henrik får første reblængde, der er tør og rimelig let. I den næste bliver det svært, men det glider fint i dag. Selvsikkert bridger jeg op næsten helt ude på kanten af kaminen. Under et lille vådt overhæng løber rebet ud. "Standplads", råber jeg, da jeg har hægtet mig i de gamle meget rustne bolte. Stedet bærer tydeligt præg af, at vandet i dårligt vejr fosser ned igennem her. Henrik må klare det sidste lille stykke.

Pludselig brager et tordenskrald og himlen fyldes af hagl. "Åh nej lige her i kaminerne," råber jeg til Henrik. "Og vi kan ikke engang gå op på kammen når det lyner," svarer Henrik. Skyerne har været skjult af bjerget, så vi ikke har set det komme. Vi er tæt på toppen, men der er stadig nogen udfordringer, specielt hvis det hele bliver glat af regn, hagl eller måske endda sne. Og med torden vil det være decideret livsfarligt at passere toppen, hvilket er den eneste gangbare vej ned herfra.

Men vores frygt letter, da det efter kort tid klarer op igen. Den sidste kaminreblængde er nu blevet både svær og våd. Men Henrik klarer fint udfordringen.

Ovenfor venter yderligere 3 reblængder over slabs, hvilket normalt ikke er sjovt i vådt føre. Heldigvis er der en lille vind, som tørrer klipperne hurtigt, så vi ikke har nogen problemer på dette stykke. Vi når bjergkammen en times tid efter kaminerne og fortsætter let opad til toppen af Piz Badile. Det er toppen af nordkammen vi lige går det sidste stykke op ad, en fantastisk rute - lang men noget lettere end vores netop nu overståede projekt.

Henrik og jeg har aldrig klatret en alpevæg sammen, men vi kender hinanden godt fra Himalaya-ekspeditionerne. Alligevel er vi forundrede over, så let det er gået, vi har haft en fin rytme og alt er gået som smurt. Den berygtede væg har fået sin første danske bestigning i den allerflotteste stil.

Men ulig andre sportsgrene, så har vi jo ikke helt nået målstregen, dertil skal vi lige sikkert ned i dalen på italienssiden af bjerget, hvor vores venner ligger i telt. Så vi overskrider samtidigt med bestigningen bjerget i nord-sydlig retning startende i Schweiz og sluttende i Italien.

Klokken elleve om aftenen når vi, efter en lang nedstigning ad normalvejen på sydsiden af bjerget og en lang gåtur, Mello dalen. Alle i lejren er gået i seng men stikker forundrede hovederne ud af teltene.

"I kan da ikke have nået det allerede."

Jo, en de mest perfekte alpeture er - trods alle de dårlige varsler og småforhindringer - vel overstået.

Fakta: Piz Badile 3308 meter, nordøstvæggen ca. 1000 meter høj, første gang klatret over 4 dage af Ricardo Cassin, Esposito, m. fl. Moltene og Valsechhi dør af exposure på vejen ned efter flere dages snestorm. Sværhedsgrad 6+.

Vi brugte førstebestigernes indstigning, som de fleste nu om dage ikke benytter. I stedet startes fra Sass Füra hytten, hvor også den populære nordkant klatres fra. Der foretages en travers ind til ruten i nordøst væggen, så de nederste reblængder, som Henrik og jeg var op over, på denne måde ikke klatres.

I skyggen af Grand Jorasses

Petit Jorasses vestvæg

Det er stadig mørkt, mens vi finder vej gennem spalterne nedenfor Petit Jorasses store, stejle vestvæg. Vi kan skimte profilen af bjerget mod himlen, som bag bjerget begynder at farves af morgenrøden. Vi er på skyggesiden og vil være i skyggen til langt op ad dagen.

Mens Andreas Frey og jeg går i hver sine tanker, mindes jeg en af de tidligere gange, jeg var på vej til Jorasses. Det var med Niels Munksgaard i 1983. Den gang var det slet ikke meningen vi skulle klatre Petit Jorasses. Vores mål var den gang ret ambitiøst; at blive de første danskere op ad den udfordrende, lange og relativt svære rute Pilier Walker (engelsk: Walker spur, dansk: Walker pillaren) på bjerget Grandes Jorasses i Mont Blanc regionen.

Men drømmene sluttede næsten før de var startet. Ved ankomsten til hytten spurgte hytteværten, hvad vi ville klatre i morgen. Det er kotume for at kunne vide, hvor tidligt det er relevant at vække os næste morgen. Han kiggede på os med et opgivende udtryk og sagde, "i er det 23. hold på ruten." Vi kiggede bestyrtet på hinanden. Vi var i kanonform og regnede med, at klatre hele ruten på en lang dag. Derfor havde vi intet bivuakudstyr med ud over den obligatoriske bivuaksæk, der udelukkende er til nødbivuakker. Men med så mange reblag på ruten ville vi helt sikkert blive sinket så meget, at det ville være umuligt, at komme igennem på en dag.

"Øjeblik, vi snakker lige sammen sagde vi," Vi gik udenfor og stod med de utrolige bjergkulisser og diskuterede situationen. Vi var ikke længe om, at blive enige om, at Walker Spur blev det ihvertfald ikke til denne gang. Men vi skulle ikke dreje vores blik mange grader til venstre for Grandes Jorasses for at få øje på den smukke Petit Jorasses vestvæg, som ligger for enden af Leschaux gletscheren og lukker dalen i den østlige ende. Og med den sene eftermiddagssol ind på væggen, så virkede den jo svært tillokkende, varm og glødende i det smukke lys.

Retur til hytteværten for at fortælle ham vores beslutning. Men hans blik fortæller os, at også det giver problemer. Han fortæller os, at der er en kæmpestor og ustabil bergsschrund nedenfor Petit Jorasses. Tidligere idag knækkede den sammen med en klatrer ovenpå. Der måtte helikopterredning til. Bare det, at komme op til væggen er altså forbundet med stor fare. Det har været en meget varm sommer hvilket har gjort sne- og isforholdene dårlige. Men helt ekstremt er det da heroppe. Hytteværten siger – sikkert med en lille overdrivelse – at spalten nedenfor væggen er op til 20 meter bred. Og han kalder den bundløs, hvilket der selvfølgelig ikke er noget der er. Men det signalerer, at han ikke gerne ser, vi også skal forsøge at komme forbi barrieren.

Jeg var dengang ikke startet på min Himalaya karriere, men i mit sind vidste jeg godt, hvad min holdning til den slags problemer ville være - uanset besværet med at komme tilbage og forsøge en anden gang. "Væggen er der også til næste år. Bare vi ikke kommer til skade, så kan vi prøve igen," siger jeg til Niels. En udtalelse som senere blev mit motto på de store og potentielt livsfarlige ekspeditioner blandt verdens bjerggiganter.

Besøget på Leschaux hytten bliver kortvarigt. Vi spiser det mad vi har medbragt og spurter så ned ad gletscheren igen for at se, om vi kan nå væk fra de spaltede gletschere inden det bliver mørkt. Det lykkes lige præcis. Vi når i det sidste lys til kanten af den store Mer de Glace gletscher lige nedenfor Montenvers, hvor vi har taget tandhjulsbanen op til tidligere på dagen.

Men der er ikke flere afgange i dag. Banen kører udelukkende mens det er dag. De ønsker ikke, at turister strander heroppe om natten. Vi beslutter os for at følge jernbanesporene ned til dalen, da skoven er tæt og mørk. Men det betyder også at vi skal igenenm nogle af de tuneller, hvor banen inde i bjergvæggen drejer 180 grader rundt. Og vi har ikke meget lys i pandelamperne.

Efter godt en time nedad i mørket når vi den første tunnel. Vi er godt tørstige, da vi har drukket det vand, vi har med. Jeg går med hånden på muren, der danner den ene side i tunellen. Pludselig møder min hånd en flaske, der ligger i et hul mellem stenene. Det viser sig at være en flaske øl, en stor flaske med ¾ liter. Den må være glemt af nogle banearbejdere på et tidspunkt, det er så bare spørgsmålet, hvor længe den har ligget her.

Vi åbner den på en stenkant og da den bruser helt normalt, så smager vi på den. Enten er vi bare meget tørstige eller også er øllet rigtig fint. Det smager ihvertfald godt og er hurtigt væk i vores tørre ganer. Det giver også en tiltrængt indsprøjtning til humøret. Vi er ved at være noget trætte af først at gå fra Montenvers op til hytten og nu gå hele vejen ned til dalen. Vi er selvfølgelig også lidt triste over ikke at kunne nå vores mål. Men den lille oplevelse med øllet giver os humøret tilbage og vi fortsætter i rask tempo ned ad banelegemet til vi når Chamonix.

Her foran væggen er jeg så igen 7 år efter sammen med Andreas. Vi har ikke haft planer om at klatre Grandes Jorasses. Vi har hele tiden haft sigtet på "den lille" Jorasses. Og vestvæggen tårner sig nu op over hovedet på os og ser rigeligt udfordrende ud. Siden jeg var ved hytten med Niels, er der kommet nye ruter på væggen, men det er den klassiske rute, vi vil forsøge os på. De andre er heftige friklatreudfordringer, som nok er en over vores niveau. Men den klassiske vil helt sikkert også give os kam til håret.

Vi har læst på lektion på forhånd, så vi ved allerede, at der er udfordringer det meste af vejen op. Først den 200 meter høje diedre i bunden, hvor mine venner Jan Mathorne og Henrik Jessen Hansen måtte vende om efter Henrik tog et langt styrt. Lidt længere oppe kommer så nogle riss-reblængder, hvor rutens crux skulle befinde sig. Ovenover dette kommer mange relativt svære reblængder ad et stort vægstykke, der slutter med et berømt slab. Denne glatte væg ender under et overhæng, som man lige skal rundt om før sværhedsgraden begynder at aftage. Men der er her stadig 6-7 reblængder til toppen. Så både sværhedsgraden og længden vil give os noget at slås med.

Den sidste udfordring er, at komme ned igen. Ifølge de nyeste bulletiner skulle det være muligt, at fire ned over væggen. Efter der er kommet flere ruter til, er der blevet etableret en abseilpist. Men afstanden mellem nedfirings-ankrene er nøjagtig den længde reb, vi operer med. Det kan give nogle udfordringer, hvis det ikke passer 100%. Vi har således nok at være spændte på og turen vil først være rigtig overstået, når vi står for foden af væggen igen. Ja i virkeligheden først når vi står ved Leschaux hytten, da gletscheren også har sine udfordringer til os.

Bergsschrunden volder os lidt problemer. Den er bred, men ikke helt afsindig som den var for 7 år siden. Jeg kan klatre ned i den og krydse spalten et stykke nede. Overlæben på bergsschrunden er stejl, nogle steder overhængende. Jeg kan komme hen til et sted, hvor den kun er næsten lodret. Det går rimelig hurtigt med at komme op ad den til sneskråningen ovenfor. Andreas klarer det også hurtigt og snart står vi ved bunden af den enorme klippevæg, der herfra set slutter med nogle store overhæng 200 meter længere oppe.

Med en del respekt starter jeg opad den første reblængde. Jan og Henriks lille uheld her maner til forsigtighed. Ydermere er klipperne lidt overisede, verglas, ikke noget jeg er helt på hjemmebane i. Men som klatrerytmen vender tilbage begynder det at gå ganske fint. Andreas fører også i fint tempo, så vi kommer hurtigt fremad. Men hvad gemmer sig oppe over overhængene og hvor svært bliver det at komme forbi?

Oppe i toppen af den enorme diedre, som gemmer sig under overhængene går nogle relativt lette, men ind imellem afbrudte småhylder ud til højre til en lille overhængende væg. Det er Andreas føring og jeg venter spændt på standpladsen, hvordan det går. Der skal være en svær passage for at komme rundt om overhænget og jeg kan se på Andreas, at han er lidt nervøs ved det. Men da han går igang med det, er der ingen problemer. Han går højt op under med benene og strækker sig op så langt han kan. Et øjeblik senere forsvinder han rundt om overhænget, ud af syne for mig. Men der er kontakt kort efter, da han råber "standplads."

Da jeg når op til ham kommenterer jeg hans fine føring af denne reblængde. Det var egentlig ikke så svært, men det krævede at man tog sig sammen til at gå højt op for at nå grebene på den anden side af overhænget.

Det næste stykke skal bare overstås; et par reblængder op gennem en korridor med løse klipper. Det er min føring først, hvilket jeg ærgrer mig lidt over, da det er den mest brudte del af couloiren. Men så ved jeg til gengæld, at jeg kommer til at føre rutens sværeste reblængde, som befinder sig 4 reblængder højere oppe. Jeg undgår ikke helt at løsne nogle småsten og de river andre med sig, så der står en regn af grus og sten ned gennem couloiren. Andreas står i læ bag et lille fremspring, så der er ingen fare på færde. Efter yderligere 2 reblængder stejler væggen igen til lige hvor jeg etablerer standplads.

Andreas er hurtigt oppe ad første reblængde i den stejle del af væggen, men den næste, cruxreblængden, tager tid for mig. Jeg går lige opad nogle riss, som ser mulige ud. Men sikringsmulighederne forsvinder og er der er noget jeg er kylling overfor, så er det svær klatring uden mulighed for at sikre.

Jeg står nogle meter ovenfor min sidste sikring, med udsigt til et langt styrt. Og pludselig kan jeg nogle meter til højre se en mere farbar vej. Men jeg kan ikke komme derover.

"Andreas, jeg kommer nedad, tag rebet ind for det er hundesvært!" Der er ikke anden udvej end at nedklatre de sidste 5-6 meter for at komme derover. Det bliver lidt hidsigt, sværhedsgraden er høj og nedklatring er altid sværere.

Jeg kommer uden uheld ned på en lille hylde, nærmest bare en lille liste, som jeg kan komme nogle meter til højre ad. Så står jeg nedenfor et riss parallelt med det, jeg var oppe i før. Umiddelbart ser det sværere ud, men højere oppe er det lettere og jeg har set muligheder for at sikre det.

Starten er rigtig svær, jeg har klart fornemmelsen af, at det må være det sværeste på ruten. En del af vejen har jeg kun risset til at jamme fingrene i, ingen greb eller deciderede trin. Men det kører for mig i dag og med rimelige sikringer og ikke for langt mellem dem kan jeg snart efter råbe Andreas op med mit "du må komme." Med det signal ved han, at jeg er parat til at holde ham, hvis han skulle ryge af.

Efter den svære passage er der en række reblængder. Den ene tager den anden, som en kæderyger, der ikke sanser hvor mange cigaretter han har røget, lægger vi heller ikke mærke til, hvor mange reblængder, vi her får fyret af. Det eneste vi bider mærke i er et lille snefelt oppe på væggen. Normalt går man lige op ad det, men det består af et tyndt lag sne der er blødt i middagsvarmen og ikke hæfter sig til isen nedenunder. Ydermere er friktionssko ikke den bedste påklædning til den slags klatring. Vi beslutter os derfor for risset ude til højre for, som viser sig at være gangbart, men teknisk set dog langt sværere.

Kort efter står vi foran det næste sted, vi har haft lidt visioner om. En stor slabvæg, der fører op til et overhæng, som vi skal traversere ud under. Jeg får endnu en gang æren af den svære passage. Hvor heldig jeg dog er idag. Det viser sig blot at være svær men super fornøjelig klatring. Jeg frygtede lidt, at mangelen på riss ville gøre det svært at sikre. Men bag det franskmændene kalder "cannelure," små kanter der sommetider gemmer en lille revne bag sig, finder jeg adskillige gamle slåbolte på reblængden. Efter passagen rundt om overhænget følger en række reblængder, som uden den store sværhedsgrad fører os op til toppen af Petit Jorasses. Vi klatrer det meste af det parallelt men med sikringer imellem os.

Toppen nås og vi glæder os over en indtil videre perfekt dag. Vi har været 9 timer og 50 minutter om klatringen. Vi var lidt sent ved indstigningen pga. forviklinger på gletscheren og den åbne bergsschrund. Klokken er 17 og måske er det lidt sent, men det er jo nemt at komme ned, når der er en abseilpist ned ad bjerget. Og den ender endda ved indstigningen, hvor vores bjergstøvler blev efterladt, da vi tog de små lette friktionssko på.

Efter et kort hvil på toppen er vi klar til nedfiringen. Første problem er, at ankeret slet ikke sidder på toppen. Vi skal nedklatre en bid for at nå det og vi er ikke helt sikre på, at det virkelig er det rigtige. Det er noget jeg virkelig frygter; at komme til at tage en helt gal abseilrute. Den ender måske i ingenting eller den fører os tilbage til et helt andet udgangspunkt på gletscheren. Hvordan skal vi så i friktionssko komme tilbage til vores støvler og steigeisen nedenfor ruten, vi har klatret? Men vi må beslutte os for tiden går. Snart er vi i gang med abseilene ned ad væggen.

Den anden abseil giver dog slemme problemer. Rebet kan ikke nå ned til næste abseilanker. Abseilen står til at være 50 meter, samme længde som vores klatrereb. Men jeg hænger helt ude for enden af rebet og kigger på ankeret, som sidder yderligere 3-4 meter længere nede. Her er klatringen så svær, at jeg ikke har meget lyst til at klatre usikret ned. Der sidder en enkelt bolt i et riss, som jeg bruger. Jeg binder nogle slynger sammen og hægter dem i bolten. Holdende i dem og med en karabin sat ind i slyngen klatrer jeg ned til abseilankeret.

Andreas kommer sidst ned ad rebet og skal have det med sig til næste abseilanker. Han bliver sikret med rebet gennem bolten, men vi må efterlade en gammel karabin, da rebet ikke har godt af at køre direkte gennem bolten.

"Håber ikke der er flere af den slags passager," siger Andreas.

Det er der heller ikke, men nogle abseils længere ned skal vi direkte ud over det store tag, der lukker den store 200 meters diedre i starten af ruten. Her får Andreas fornøjelsen, hvis man kan kalde det en fornøjelse.

Omkring 20 meter nede i abseilen firer Andreas sig ud over taget. Jeg kan ikke længere se, hvad der sker og kan heller ikke høre hvad han siger. Kommunikationen foregår udelukkende gennem rebet. Men det tager tid, rebet er stramt i lang tid. Det tyder på, at Andreas stadig hænger i rebet. Jeg kigger nervøst på uret og på lyset omkring mig, som er begyndt at svinde.

Efter alt for lang tid lettes trækket i rebet og lidt efter kan jeg løfte op i det. Andreas må have etableret sig ved næste abseilanker. Jeg kobler min bremse på rebet og sejler selv afsted ned mod gigantoverhængene.

Da jeg passerer ud over kanten giver det et sug i maven. 200 meter lodret under mig kan jeg se det sted, vi startede fra i morges. Og lidt længere nede men mange meter inde kan jeg se Andreas hænge.

"Hvordan kom du helt derind?" siger jeg med stor undren.

"Det var heller ikke let, jeg måtte svinge frem og tilbage mange gange. Når jeg begyndte at dreje, måtte jeg starte forfra. Altså når jeg var faldet til ro."

Jeg har det noget lettere end Andreas. Han har trukket rebet gennem ankeret, så jeg kan bare hive mig ind til pladsen. Jeg er fuld af beundring for hans bedrift. Lige da vi gik ud over taget var der omkring 6 meter ind til væggen, men heldigvis noget mindre der hvor ankeret var gjort fast. Men det har været skræmmende at hænge helt ude for enden af rebet med så langt ned til bunden og så langt ind til væggen.

De sidste abseils går let, men nu forsvinder lyset hurtigt, så næste problem står klart for os. Vi nå ned over bergsschrunden og den spaltede gletscher i buldermørke.

Ved foden af væggen får vi hurtigt skiftet til vores støvler. Vores fødder nyder at komme ud af de stramme små klatresko, men fødderne skal nok nå at blive trætte af de nye omgivelser inden vi er nede fra bjerget.

Bergsschrunden er skræmmende i mørket, et tilsyneladende bundløst sort hul, der kan opsluge os uden at nogen vil opdage det. Men vi ved at overlæben hænger ud over underlæben mange steder. Der er til gengæld nogle meter ned. Sneen på gletscheren er stadig blød efter dagens sol og varme, så vi beslutter os for at springe over spalten og lande i den bløde sne. Men det er med bankende hjerte vi går helt ned til kanten og hopper med det samme. Ingen betænkningstid er mulig, vi kan jo ikke blive hængende her.

Selvfølgelig går vi forkert i spaltevirvaret i den øverste del af gletscheren. En lille hylde, som vi havde brugt om morgenen, op forbi nogle store spalter, kan vi ikke finde. Vi ender med at bruge næsten to timer tilbage til hytten. Og klokken er blevet over 11 om aftenen.

Planen var at gå helt ned til Chamonix. Vi havde regnet med at være tæt på Montenvers banen på dette tidspunkt. Så havde vi snildt fundet vej ned gennem skoven med vores pandelamper. Men vi er trætte og fra gletscheren kan vi se et lille lys oppe på hytten, som ligger på en klippeknold lidt ovenfor.

Nogen må være vågne og det lokker os gevaldigt. Vi går derop og møder hytteværten, en kvinde, som er vågen pga. sygdom. Vi sætter os stille og spiser lidt rester af mad, som vi selv har medbragt. Ved et tiden om natten går vi i seng samtidigt med, at de første reblag til Grandes Jorasses står op for at gå over til Leschaux dalens store udfordring, Walker Spur på Grandes Jorasses.

Klokken 6 står vi op og skynder os efter et let måltid ned ad gletscheren, krydser Mer de Glace og går op ad stigerne til Montenvers. Tandhjulsbanen er begyndt at køre, så vi kommer hurtigt ned til dalen og min familie. De er en anelse bekymrede. Jeg havde næsten lovet, at vi ville komme ned sent om aftenen. Heldigvis kender Helle bjergmiljøet og ved, at der kan opstå forsinkelser, så planen ikke kan overholdes. Vi siger, "du skal ikke bekymre dig før end der er gået et døgn over tiden." Men det er jo svært at styre følelserne og Andreas og jeg har ellers klatret usædvanlig hurtigt denne sommer. Men nu er den fine udfordring vel overstået. Nye planer lægges, der drømmes om nye toppe og udfordringer.

Fakta: Petit Jorasses ligger i Leschaux bækkenet i Mont Blanc området. Petit Jorasses vestvæg er 600 meter høj og den klassiske rute er graderet TD med sværeste passage 6°.

Petit Jorasses nås fra Leschaux hytten, som også er støttepunkt for de længere ruter på Grandes Jorasses og for mindre udfordrende ture som f.eks. vestvæggen på Aiguille de Leschaux.

9 timer op, 5 minutter ned

For mig var 3. gang lykkens gang denne sommer.

Først var det Petit Jorasses vestvæg som i 3. forsøg var blevet en meget vellykket tur.

Så var det min tredje bestigning af Mont Blanc, som var blevet den mest vellykkede. Første gang var jeg nede i Chamonix klokken 11 om aftenen og var helt smadret af træthed, anden gang måtte jeg bivuakere sammen med Claus Sabroe og Helle (min kone) på vejen ned, men den tredje gang var Andreas (min klatremakker denne sommer) allerede nede i Chamonix ved 3 tiden om eftermiddagen.

Dernæst var det i Dauphine 3. forsøg sammen med Helle på at komme op på Les Rouies. Også her lykkedes det os endelig at finde den rigtige vej udenom et kaotisk isfald og være i tilstrækkelig god tid til at gøre bestigningen sikkert inden snebroerne over den meget spaltede gletscher blev bløde og farlige.

Derfor kiggede jeg mig om efter et tredje forsøg på en svær rute i Dauphine, hvor vi opholdt os på det tidspunkt. Det skulle være den store finale på en meget fin klatresommer. Andreas havde klatret så meget (han havde også været afsted noget længere), at han ikke var helt let at motivere. Men med det rigtige mål, så gik det vel nok.

Jeg foreslog at vi klatrede Meije sydvæg, en 800 højdemeter lang TD rute (TD=Tres Difficile=5. grad), og Andreas var til at overbevise om at dette bare lige var det, der skulle til for at slutte stærkt med en god slutspurt.

Mit første forsøg fandt sted i 1983 sammen med Niels Munksgård, hvor vi nåede 4 reblængder op inden vejret hurtigt og uventet slog om, så vi måtte abseile i hagl, der væltede ned ad væggen i kaskader.

Andet forsøg var i 1988, hvor Michael Hjorth og jeg, som forberedelse til Ama Dablam ekspeditionen ville teste vores hurtighed. Det gjorde vi ved at gå fra dalen til indstigningen, klatre ruten, klatre ned af "normalruten" - den ikke helt lette og meget lange Promontoire-grat - og derefter returnere til dalen alt sammen på en dag. Derfor bar vi intet bivuak-udstyr med os og var i det hele taget meget let udrustet. Da vi midt på eftermiddagen befandt os 2/3 oppe ad ruten på det eneste sted, hvor der var mulighed for at undslippe til siden ud over et lille isfelt - Glacier Carré - og over i Promontoire-graten, besluttede vi, at vi havde fået nok og ikke ville risikere en bivuak uden udstyr. (beskrevet i "vire a biciclette")

Men nu ville det blive tredje forsøg, så jeg overbeviste mig selv om, at så var den sag i hus.

Efter en våd nat i bivuak står vi op og slæber vi os ved 5-tiden - noget trætte - opad den lille gletscher ved foden af væggen. Der er meget mindre sne end sædvanligt, så i den lidt stejle del af gletscheren bliver vi nødt til nærmest at klatre op inde langs klippevæggen. Andre hold til sydvæggen af Meije er på vej ned gennem en løs couloir fra Promontoire-hytten ovenfor, men vi når indstigningen før dem.

Vi skynder os at komme i gang med klatringen, så vi forhåbentlig kan holde os foran dem opad ruten og derved undgå at kappes om standpladserne. Vores hurtighed giver en fair chance for at holde os i teten og derved få størst fornøjelse af klatringen.

Den første del af ruten er let og jeg kan genkende det hele men efter nogle reblængder lidt sværere klatring, kan jeg ikke længere huske terrænet. Det kunne ellers hjælpe os, da Michael og jeg den gang mente, vi var kommet for langt ud til højre i væggen.

Efter nogle timers klatring kan jeg dog pludselig kende den store rampe vi kommer op på. Hvis vi var galt på den sidst, så er vi det også nu. Jeg er dog denne gang ret sikker på, at ruten er god nok. Medvirkende til dette er den udmærkede topo-guide, som Andreas har med.

Vi går opad gennem nogle store riss, som går over i en kamin i toppen af hvilken der ofte - som for 2 år siden - er en istap på 5-10 meter. Men den tørre vinter og varme sommer i år gør, at der ganske vist er is i bunden af kaminen men ingen istap. Til gengæld bliver jeg godt våd af vandet, der normalt er frosset til denne istap. Yderligere en reblængde meget løs klatring fører os op til "vire Carré", (som også kaldes vire a biciclette). Hylderne har forbindelse til Glacier Carré, hvor Michael og jeg traverserede ud af ruten for 2 år siden. Fra nu af er det også nyt land for mig.

Det starter jeg uheldigvis med at gå forkert, idet jeg går op i en forholdsvis simpelt udseende men dog stejl væg, som viser sig totalt at få mig ud af balance både fysisk og psykisk. Jeg har ellers været meget afbalanceret og godt klatrende hele sommeren, men pludselig er jeg så nervøs som efter en hel vinter uden klippekontakt. Andreas undrer sig over hvad jeg roder med så længe, men da han når op, holder han også i alt hvad der sidder af udstyr og bekræfter mig derved i, at vi er gået forkert.

Men det er jo tredje forsøg som der er held ved dette år, så få meter ved siden af os går den rigtige vej tydeligvis op. Det er ganske vist den sværeste del af ruten, men i fastere klippe end i den nederste del af væggen.

Andreas bryder sig ikke meget om de løse partier, så da jeg følger efter finder jeg ud af, at han er gået forkert og har fulgt en direkte borebolt-rute op over en stejlvæg i stedet for den lettere men noget løse rampe, der skråner over mod højre. Det er ikke sent, men vi skal dog ikke spilde mere tid end jeg allerede har gjort nedenfor. Derfor traverserer jeg, efter at være nået op til ham, over til den lette rampe.

Andreas beslutter sig i den næste reblængde endnu en gang for det sværere og fastere udseende, hvor ruten egentlig traverserer i et lille ikke for svært men løst riss. Endnu en bommert, men snart er vi oppe på en anden rampe, der skråner modsat af den forrige, så vi bliver ført fra den ene side til den anden af den nu ikke så brede væg.

Væggens bredde tyder på at nu er der snart en top i nærheden. Først skal vi dog lige op over alt det meget lette klatring i toppen. Det er kun graderet 3, så vi fortsætter parallel-klatringen, som vi startede på den sidste rampe.

Ind imellem kommer der dog lidt sværere små-vægge, men de største problemer har vi bag os. Jeg begynder allerede at glæde mig til endnu en gang i 3. forsøg at nå toppen af mit mål.

Før en lille svær væg skynder jeg mig op for at have lidt ekstra reb, så ikke Andreas, der klatrer forrest, skal blive opholdt, mens jeg finder ud af det lille problem. Mens jeg står ret dårligt kommer der pludselig et ordentligt ryk i det ene reb og den meter slæk der er forsvinder op. Det giver et ordentligt træk da rebet bliver stramt. Jeg er udmærket godt klar over, hvad der er sket: Andreas må være styrtet.

Hvad der ligner toppen af Meije er ca. 30 meter over mig. Jeg forventede mere at der snart ville lyde et jubelråb oppefra i stedet lyder der et hæst og næsten desperat "Bo".

Jeg skynder mig opad og kan ved en lille fortop se rebet gå op omkring en sikring og forsvinde ned bag fortoppen. Da jeg når derop klynger Andreas sig til klipperne nede på den anden side. Han har tydeligvis smerter, men forvirret over hændelsen er det eneste jeg siger, "Hvorfor gjorde du dog det".

Det synes så uvirkeligt på mig. Der oppe 3-4 meter under toppen af Meije sidder Andreas' øverste sikring. Hvordan kunne det dog ske, vi har klatret så godt, klatret ruten på 9 timer trods flere rutebommerter og det er i øvrigt tredje forsøg ?

Andreas får stramt reb så han kan komme i land bag fortoppen. Han kan overhovedet ikke støtte på foden og da den dukker ud af friktionsskoen er den også allerede ved at hæve. Andreas tager sin stive klatrestøvle på den tilskadekomne fod for at prøve at holde hævelsen nede, får noget smertestillende og så diskuterer vi situationen.

Nedturen over Promontoire-graten tager en rask og godt klatrende person ca. 4 timer. Turen fra Promontoire-hytten og turen videre ned til dalen kan gøres på 3 timer, hvis man er godt gående. Ydermere er nedklatringen ikke lige ned, men på skrå over Glacier Carré og ned over et langt horisontalt gratstykke. Jeg kan derfor ikke en gang fire Andreas ned.

Smerterne tager til og der synes ikke anden udvej end at forsøge at tilkalde hjælp. Andreas har for mindre end en uge siden indkøbt en signalstift med nødraketter, som så må i brug her. Jeg stiger op på fortoppen, hvorfra jeg kan se ned på taget af Promontoire-hytten ca. 700 højdemeter under. Med mindre der sidder en udenfor kan det nok komme til at knibe med at se raketterne derfra, men måske ser nogen længere nede i dalen vores nødsignal.

Jeg fyrer nogle raketter af og venter så omkring 20 minutter inden jeg fyrer af igen. Det er jo svært at vide, om nogen har set det, før hjælpen kommer. Reblaget, der startede efter os i morges, og som vi ikke har set noget til, dukker op et stykke nede. Om ikke andet må vi vente på at de når op til os og ned til hytten bagefter.

Efter i alt en times venten hører vi den velkendte og nu meget velkomne summen af en helikopter nede i dalen. Jeg gør endnu en raket klar, for det tilfælde at det blot er en forsyningshelikopter til Promontoire-hytten. Men den kommer opad i store buer, tager et stort sving ud på nordsiden af Meije inden den dukker op lige ud for os. Samtidig er reblaget under os også kommet op og undrer sig over det sære sted at komme til skade.

Med megafoner råber de om vi behøver hjælp, hvad vi med alle midler gør dem klart. De er mange i heli'en, hvorfor de først går ned til Promontoire-hytten og sætter nogle af inden de returnerer. Helikopteren hænger lidt højere end toppen af Meije og lige over os, mens en redder sænkes ned i en stålvire.

Andreas, der allerede har bundet sig ud af rebene, bliver sat på viren og glider op i luften. Redderen spørger mig, om jeg vil følges ned med det andet hold, men jeg har ingen lyst til at slå følge med nogen jeg ikke kender og som måske skal ned på bagsiden af Meije, hvorfra der er en lille dagsrejse rundt til Helle og Rasmus. Og når det nu endelig skal være, så holder jeg meget af at flyve helikopter.

Jeg bliver sat på viren med 2 reb hængende hurtigt og løst kvejlet omkring mig. Inden jeg er kommet mere end et par meter op svinger helikopteren ud fra væggen og dykker ned langs med den mod dalen. Sikken en lufttur. Jeg bliver hevet ind og kommer på plads nærmest ovenpå Andreas' syge ben. Så tager vi det helt store sving ned og flyver tæt hen over dalbunden mod La Berarde, hvor redningshelikopterne altid lander. Over byen laver vi en skarp vending og lander få minutter efter vi forlod toppen.

Det tog os 3 timer at gå ind til bivuak, 1 time til indstigningen, 9 timer til klatringen (pånær 2 meter) og nu sidder vi her mindre end 5 minutter efter at have forladt toppen. Vi lider nærmest under en slags jet-lag. Det er svært at fatte at vi er hernede allerede, men nu er der jo lige det: Det er tredje forsøg og alt vil gå godt, hurtig klatring, hurtig nedtur blot lige med det lille uheld som mellemspil og en nedtur med heli i stedet for klatrende og til fods.

Efterskrift: Andreas havde slået en splint af skinnebensknoglen inde i ankelleddet, ikke alvorligt men slemt nok til at det ville være nærmest umuligt at komme ned selv. Med mindre man hedder Doug Scott, lige har været på toppen af Ogre og har brækket begge ben lige under knæene. For så kan man jo bruge 6 dage på at kravle ned, no problem, for der er ingen alternativer, hvis man vil overleve.

Næste dag brugte jeg 4 timer til en lille hyggelig løbetur op til bivuakpladsen for at hente vores våde soveposer, koger mm.

En hurtig ombeslutning

Vi sidder i den lille bivuakhytte og ærgrer os lidt. Det er tydeligt, at vores mål for denne tur er decideret farligt og måske også uopnåeligt.

Væggen op til passet, Col de Peuterey, mellem Grand Pilier d'Angle og Mont Blanc er meget afsmeltet og vi hører konstant stenslag banke ned over den. Ikke et hyggeligt sted for levende væsener at befinde sig.

Det var vores intention at klatre op til passet og videre op over Gran Pilier d'Angle til toppen af Mont Blanc ad denne relativt svære rute, men det skal vi absolut ikke under disse tilstande. Vi havde på forhånd studeret forholdene ved at læse i bogen på guidekontoret i Chamonix. Der blev skrevet om afsmeltning og noget stenslag, men det vi oplever her på en kilometers afstand har vi absolut ikke lyst til at komme i nærheden af. Jan Mathorne, Henrik Jessen Hansen og jeg er helt enige, det er dødsensfarligt.

Hvad så? Skal turen her til Col de Fourche være spildt?

Vi diskuterer alternativerne, men der er ikke rigtig nogen, der passer i sværhedsgrad og går til toppen af Mont Blanc, som vi gerne ville. Jeg har været der før, men det har Jan og Henrik ikke, så vi vil gerne slutte på toppen af Europa – eller ihvertfald Vesteuropa.

Men da vores blik fejer i en lidt anden retning end lige over mod Mont Blanc, der ellers som en magnet tiltrækker vores øjne, så ser vi det lige foran os. Ikke en svær rute, ikke direkte til Mont Blanc, men en både smuk og fin erstatning. Kuffner graten op til Mont Maudit hvorfra vi kan fortsætte mod toppen af Mont Blanc.

Det er en udfordring i en helt anden sværhedsgrad, men det vil være en smuk tur og vi vil få både toppen af Mont Maudit og selve Mont Blanc med hjem i bagagen. Ikke så ringe.

Beslutningen her sent på eftermiddagen bliver således, vi bliver her og klatrer til Mont Maudit i morgen tidlig. Ikke så tidligt som vi skulle starte på turen over Col de Peuterey, hvor vi skulle afsted om natten. På Kuffner kan vi klare os med at starte lige når det begynder at blive lyst.

Til en afveksling sover jeg rimelig godt i den lille bivuakhytte. Sidst jeg var her med Andreas for at klatre Brenva ruten op til Mont Blanc var der 28 mennesker i det lille blikskur, der er beregnet til 8. Det var forfærdeligt, men blev dog lidt bedre, da de første forlod hytten kl. 1 om natten. Det var dem som skulle på ruter i stil med vores oprindeligt planlagte eller klatrere som skulle på "route major" op gennem væggen mellem Peuterey passet og Brenva ruten.

Klatringen på Kuffner er ikke overvældende svær, men vi ved der kommer en enkelt passage, hvor vi helt sikkert vil tage rebet på. Men måske bliver vi overrasket af andre sværere passager. Men til en start, så klatrer vi solo op ad den forholdsvis enkle kam. Enkelte gange må vi lidt ud i flankerne for at komme over en stejl afsats. Sommetider er klippen lidt løs, men vi er så vant med at klatre forsigtigt og undgå at løsne sten, at vi slet ikke tænker over det. Jeg er forrest hele vejen og passer derfor særlig meget på, specielt når det går lige opad, hvor Jan og Henrik befinder sig lige under mig.

Et stykke oppe ad ruten skal vi godt ud til venstre for kanten og her møder vi en tricky og lidt luftigt udseende passage. Det svære parti svarer til det vi har fået beskrevet af andre. Rebet kommer på og så er den lille 5° passage hurtigt overstået.

Det går op gennem en stejl snekorridor og vi kommer helt op på toppen af kammen igen. Her viser bjerget sig fra sin smukkeste side med en fantastisk smuk bjergryg, der som en stor hvid hval skyder sig i en bue op i luften efter den har åndet. Jeg er igen lidt foran de andre og stopper op og kigger tilbage på det utroligt flotte syn, da Jan og Henrik går hen over ryggen. De tegner sig skarpt mod skyerne nede i dalen og mod de lavere bjerge rundt om os. Så når de op på den øverste del, hvor kun den blå himmel ses bag dem. Mit kamera når at klikke mange gange for at fange det smukke sceneri. Jeg føler mig lidt taknemmelig over at være i live og i stand til at nyde dette smukke syn.

Der er nu ikke mange forhindringer mellem os og Mont Maudits top. Dog skal vi lige rundt i en stor bue over en stejl snevæg for at komme op til bjergets topkam, en stor iskage, der i en bue strækker sig op til den øverste top, en spids klippetop.

Vel oppe på Maudit, det andethøjeste bjerg i Mont Blanc massivet, gratulerer vi hinanden med endnu en top i Alperne over 4000 meter. Ikke fordi vi samler firetusindere, det er der mange der gør, men det er dog en af Alpernes betydeligste toppe.

Efter et lille hvil går det videre. Jan er meget forhippet på Mont Blanc. "Skal vi så se at komme videre," siger han utålmodigt. Det er os andre der må være tålmodige, for Jan bliver træt på det sidste stykke mod toppen. Vi er måske heller ikke optimalt højdetilvænnet til 4807 meter – eller hvilken højde man nu opfatter som den rigtige på Mont Blanc; 4807, 4808 eller 4810. De få meters forskel ændrer ikke så meget på de fysiske forhold. VI er omtrent halvvejs ude af atmosfæren og dermed er der ca. halvt så meget ilt til rådighed som ved havniveau.

Vi føler ihvertfald vi er i live og har en krop, der stiller krav om ilt. Jan og jeg har før været sammen på toppen af bjerge over 8000 meter. Men akklimatiseringen, tilvænningen til den tynde luft og det deraf følgende lavere ilttilbud til kroppen, forsvinder hurtigt igen. Så på den lette skråning mod Mont Blanc, en skråning der i denne sektion kun en gang er afbrudt af et lidt stejlere parti, Mur de la coté, puster vi godt.

Det er bare en besynderlig tanke, at vores basecamp nedenfor vores første 8000 meters top, Broad Peak, lå en del højere end vi lige nu pustende bevæger os op. I den basecamp var det hverdag at bevæge sig rundt i ca. 5000 meters højde. Og selv om vi ikke ligefrem var i stand til at træne langdistanceløb i den højde, så følte vi os ikke væsentligt besværet af den lave iltmængde – altså da vi først var højdetilvænnet. Men højdetilvænning er en ting, der er svære at forklare hvordan føles, da vi alle reagerer lidt forskelligt. Der kan opsættes regler for hvordan den tiltagende højde skal takles, så risikoen for alvorlige højdesymptomer formindskes. Men det skal prøves på egen krop for at man kan vide, hvor begrænsende det er for ens udfoldelsesmuligheder.

Turen til Mont Blanc er dog ikke så lang, at vi virkelig når at brænde ud. Efter knap et par timer op ad den brede sneryg når vi alle toppen, jeg for fjerde gang, Jan og Henrik for første gang.

Jeg har fortalt de andre om de mærkelige oplevelser, jeg har haft på toppen før, men denne gang er det en helt normal dag i bjergene. Der er en del andre mennesker og der har helt sikkert været rigtig mange tidligere på dagen sammen med deres guider. De fleste er kommet op ad normalvejen ovre fra Gouter hytte i 3800 meter, den modsatte side af den vej vi kommer op til toppen.

Sidst jeg var her, det var sammen med Andreas efter Brenva ruten, havde nogen slæbt – eller fået en helikopter til at flyve – en kaktus på halvanden meters højde herop. Den stod "plantet" i sneen og da jeg så den på afstand troede jeg ikke mine egne øjne. Jeg skulle ret tæt på før jeg overgav mig og sagde "OK der står altså en kaktus på toppen." Men det er jo også en slags ørken, en sneørken, så ideen med at sætte en kaktus er vel ikke så fuldkommen vanvittig – og så alligevel, den hører jo ikke hjemme her.

Tidligere havde jeg prøvet at være på toppen med min kone og en af vores venner, Claus Sabroe, hvor der var fuldkommen mennesketomt. Der var ingen friske spor i sneen og ingen andre tegn på, at nogen ud over os havde trodset formiddagens snestorm og begivet sig mod toppen af Alperne. Det er usædvanligt på så populært et bjerg og vi nød det da også til fulde. Det fik vi også god tid til, for vi nåede ikke nær ned til liftstationen på Aiguille du Midi inden det blev mørkt. Derfor kunne vi sidde oppe i flanken på Mont Maudit og nyde udsigten til Chamonix, mens kulden langsomt sneg sig ind på os. Vi tog en fælles bivuaksæk over hovedet, det gav lidt varme, men betød også, at vi blev lidt klamme af kondensvand og sved.

Jan, Henrik og jeg er dog i god tid og har absolut ingen planer om at bliver heroppe. Derfor bliver hvilet på toppen kun ganske kort inden vi med lange skridt begynder nedstigningen – i starten samme vej, vi kom op. Nede ved Mont Maudit går vi dog ind over Col du Maudit og ned over den flanke, hvor Claus, Helle og jeg sad og bivuakerede. Vi kan høre de store øl i Chamonix kalde på os, så farten er høj og vi når Midi liftstationen midt på eftermiddagen i god tid inden den planlagte lukketid.

Der er dog ikke nogen tvivl om, at planlagt lukketid og reel lukketid i dag er ganske forskelligt. Med det supervejr vi har, er der en vrimmel af turister oppe på Midi for at skue over mod Europas top og senere prale med, at de har været på Mont Blanc. På sådanne dage kører den sidste lift ikke kl. 17 men måske først ved 21 tiden, sommetider endnu senere. De skal simpelt hen sørge for at alle kommer ned. Grunden er enkel; folk som kommer op fra Chamonix uden forudgående akklimatisering kan få livstruende problemer med iltmangelen i løbet af en nat, hvis de er uheldige.

Pga. menneske vrimmelen tager det nogen tid inden vi kommer med en lift ned til byen, men vi er "i land" og kan slappe fuldkommen af ovenpå en god tur, der ganske blev en helt anden karakter, end vi planlagde. De kolde øl i byen læsker ganen dejligt og de smager ekstra godt ovenpå en effektiv dag i bjergene, hvor vi har nået et flot mål.

Fakta: Kuffner graten på Mont Maudit fra Col de la Fourche, D med sektion af 5°, højdeforskel fra hytten (3684) til toppen (4465) ca. 800 højdemeter, hertil knap 400 højdemeter for stykket fra Maudit til toppen af Mont Blanc.

Uhyggeligt efterspil

Når man står i Chamonix i Mont Blanc området og kigger op mod Aiguille du Midi, hvis top står ca. 2800 meter højere end byen, så ser man en meget stejl væg. Tilsyneladende en afvisende væg med få muligheder for at klatre op igennem. Her er stejle klippekamme, her er hængende gletschere og her er klippevægge, der ser meget afvisende ud. Men der er et par steder, hvor der er nogle naturlige linier igennem. Når resten af væggen netop er så afvisende, så fremstår de få linier meget mere attraktive.

En af disse linier er den smukke Eperon Frendo, Frendo spur som den hedder på engelsk og på det – i relation til klatring – fattige danske sprog bliver det vel til Frendo graten.

Men et er navnet noget andet den smukke måde graten tegner sig op mod Midi. Den starter fra den øverste del af gletshceren Glacier de Pèlerins i ca. 2600 meter og rækker op til tæt på Midis top i 3800 meters højde. Mange mennesker ser med gru fra liften til Aiguille du Midi på de små menneskemyrer, der tilsyneladende snegler sig op at den lange rute mod den spidse top.

Starten af Frendo er en klippekam, som strækker sig lidt over halvvejen af den samlede længde mod toppen. Men det som særligt falder i øjnene er den smukke meget skarpe snekam, der i en stor bue går fra klippekammen op mod den sidste klippebastion inden toppen. Snekammens stejlhed tager til hele vejen op ad den, så hvor den i starten er relativt let bliver den mere krævende og ofte skifter sneen i starten til hård is længere oppe. Her kræves årvågenhed og overskud af kræfter for at det skal kunne gennemføres sikkert.

Vi, Henrik Jessen Hansen, Jan Mathorne og jeg, var i topform denne sommer efter mange andre udfordrende klatreture. Derfor ville vi ikke - som det traditionelt gøres - tage op og bivuakere nedenfor væggen for at være i gang, inden det blev lyst. Vi regnede på tidsplanen og mente, at kom vi op med en af de første lifter til mellemstationen mod Aiguille du Midi, kaldet Plan de L'Aiguille, ville vi kunne klatre hele ruten og nå ned med liften fra Midi samme aften. Vi indregnede her også, at vejret var forrygende godt og der derfor ville være mange turister på Midi for at nyde udsigten til Mont Blanc.

Men det var en ambitiøs plan, som forudsatte at vi klatrede meget af ruten solo eller parallelt. Der skulle tempo på, så vi havde tid til at klatre de svære passager i normale sikrede reblængder. Ydermere ville vi her være sinket af at være 3 personer, der skulle klatre. Det ville kræve, at de to, der klatrede som andenmænd, klatrede samtidigt. Men det ville stadig sinke os en anelse.

Det er en pragtmorgen, da vi står oppe ved Plan de L'Aiguille og kigger forventningsfulde og noget spændte op mod ruten. Vi er kommet rimeligt tidligt herop, da der ikke var helt enorm kø ved liften nede i Chamonix. På gode dage som denne kan man sommetider komme til at vente i en time til halvanden. Det er lang tid, når vi skal op og igang med at klatre. Herfra mellemstationen er der knap en time til indstigningen på selve væggen op over den lille gletscher.

Vi ser ingen mennesker, men vi kan høre, at der er nogen højere oppe. De må være startet fra en bivuak eller mere sandsynligt, så har de ligget i teltet, vi så nede ved mellemstationen. I virkeligheden nok en klogere måde at klatre denne rute på, men vi er bare så overkåde af vores succes i år, at vi mener sagtens at kunne klare udfordringen på en dag.

Første del af klatringen er op over nogle skrånende hylder, der sommetider er afbrudt af en lille sværere passage. Vi soloklatrer op over denne del indtil et nyt hldesystem fører os ud mod kanten af graten, hvor sværhedsgraden tager til i nogle korte passager. Rebet kommer på og det går noget langsommere.

Vi kommer dog kun et par reblængder på denne måde, så synes vi igen, at det er blevet for let. "Skal vi lægge rebene og soloklatre den næste sektion?" siger jeg spørgende. Jan og Henrik er enige og vi kvejler endnu en gang de to halvreb sammen og lægger dem i rygsækken. Det tager selvfølgelig også tid at tage udstyr på og af, men set i lyset af hvad der sker nu, så er det helt i orden.

Hele den næste sektion er relativt let – hvis man da finder den rigtige vej. Jeg er forrest og klatrer op langs kammen, hvor jeg kommer til en meget stejl og glat sektion. Der kan jeg se tre personer, som taler et slavisk sprog. Klatringen, de er igang med, ser svær ud. Jeg mener ud fra hvad jeg ved om ruten, at de må være galt på den. Jeg signalerer til dem, men kan ikke rigtig gøre mig forståelig,

"Wrong route" ender jeg med at råbe, men de fatter det vist ikke. Der er ihvertfald ingen reaktion fra deres side. Jeg har dog endnu ikke checket om der faktisk er en vej udenom. Jeg har dog en klar fornemmelse af, at der er en mulighed ude til højre. Et hyldesystem fører derud, der er lidt klatring ind imellem, men ikke sværere end, at det er OK at soloklatre. Så fører et let riss med masser af greb og trin op over den glatte væg og jeg kommer uden den store anstrengelse en reblængde højere op og samtidigt tilbage til kanten af Frendo pillaren.

Efter disse lette 100 meters klatring kan jeg kigge ned på de tre fremmede og de ser også mig. Formentlig kan det nu ikke svare sig for dem at gå ned først og så klatre den vej, jeg gik. Men havde de valgt den rigtige rute havde de stadig været langt foran os. Henrik og Jan slutter sig til kort tid efter og vi fortsætter endnu et langt stykke med soloklatringen.

Efter flere timer på væggen når vi op til et mere stejlt parti. Vi har ventet det, så det er præcis som det skal være. Rebene kommer frem igen og Jan får æren af at føre denne sektion. Han får endda den hele, da det er lidt besværligt at skifte føring, når førstemanden har to reb på ned til hver sin andenmand. Men han hygger sig også med det, da der er lidt udfordringer i femte grad til ham i den stejleste del.

Trods vores gode tempo går tiden alligevel hurtigt. Vi har ikke rigtig bemærket det, da den gode klatrerytme specielt mens vi soloklatrede har været en næsten meditativ tilstand. Vi har hver især koncentreret os om vores egen lille udfordring. Vi har passeret mange partier, hvor vi bestemt ikke skulle lave fejltrin. Et styrt ville være en styrt ned af hele den underliggende del af Frendo. Ikke så rar en tanke, men tanken har slet ikke været der. Derimod har der været en vidunderlig koncentration om at løse opgaven fejlfrit.

Men det er mange højdemeter klatring vi har tilbagelagt og det har trods alt taget tid. Og først nu er vi lige under den smukke snekam, som tegner den mellemste sektion af Frendo ruten. Efter lidt lettere klatring står vi alle oppe i sneen og kigger op ad den store, skarpe, hvide bue, der rækker op mod himlen. Det ser helt fantastisk ud, men der er også et lille sug i maven ved synet. I starten er det god sne, men højere oppe glinser det blåligt i solen. Et tegn på, at der er hård is i vente, is som ikke let tager mod vores isværktøj. Der skal arbejdes i den øvre del. Hvor galt det er kan vi ikke vide på forhånd.

Vi går dog fornøjede igang med den første del af snekammen, hvor vi ikke har reb på endnu. Henrik er forrest, jeg imellem og nederst kommer Jan. "Wow," det giver mine kriblende fotofingre noget at bestille. Sjældent har jeg set så flot et syn. Jan lige på kanten af den stejle snekam med en smule klipper under ham, men ellers er det bare Plan de L'Aiguille og Chamonix lige bagved, der tegner billedet. Hvor ser det bare luftigt ud – ikke lige terræn for folk med højdeskræk.

Snekammen stejler hurtigt til, men så længe det er god sne, hvor vi kan få det meste af støvlen ind er der ingen problemer og vi fortsætter. Men så bliver sneen tynd og isen nedenunder begynder at kigge igennem. Det bliver rebtid igen, ellers ikke noget vi har været forvænte med på denne rute. Over os går isen op mod klippe rognonen, en kæmpestor klippeø, der danner den sidste del af ruten, hvis man vil klatre over klippe.

Vi foretrækker den stejle is, så vi foretager en opadstigende travers og går ud mod højre rundt om klippeøen. Jan får nogle gode føringer i isen, som ellers ikke er hans stærkeste side. Hvad der lige er logikken i, at han får dem ved jeg ikke, men det går fint og kvikt. Og godt det samme, for dagen går lynhurtigt på hæld. Det har taget lang tid at komme fra de sidste soloklatre-passager på klippevæggen og til den øverste del af snekammen.

Ude på højre side af klipperognonen er der stejl is, som fører op lige langs klipperne. Standpladserne er på sikringer i klippen, men vi klatrer 100% i isen. Det føles rart og sikkert at stå på en lille klippehylde med solide sikringer i god fast Chamonix granit i modsætning til at hænge i et par isskruer og stå på en lille bitte hylde i isen. Så stor som du selv orker at sparke og hakke den ud.

Ovre til højre kan vi se topkammen af Midi, så kan ikke være langt fra, men vi er ved at have en fornemmelse af, at vi skal skynde os for at nå den sidste lift ned. Det har været en smuk dag, men der er kommet lidt skyer ind her sidst på dagen. Derfor kan vi ikke bare regne med, at liften kører sight-seeing turister ned til kl. 20 eller senere.

Jan fører op gennem et lille overhæng i mixet is og klippe. Overhænget er dannet af en stor klippeblok, der har sat sig på tværs i toppen af en iskorridor. Det er lidt delikat og tager lige lidt tid, men da jeg kommer op af passagen som nummer to, ser jeg, vi er oppe i sneen igen og stejlheden aftager hurtigt. Mens Jan sikrer Henrik op aftaler vi, at jeg bare spurter opad mod liften for at forsøge at holde den tilbage til de andre kommer. Men som jeg nærmer mig, kan jeg se, at der ikke er de store problemer. Der er masser af turister, som venter på deres tur til at komme ned. Jeg når dog alligevel at blive lidt urolig, da det tager noget tid inden Jan og Henrik dukker op på den fine, stejle snekam op til Aiguille du Midi.

Men jeg var jo stukket af fra opkvejling af reb, så de ordnede oprydningen mod at jeg holdt liften tilbage – hvilket nok ikke havde kunnet lade sig gøre, hvis det reelt var blevet nødvendigt. Men nu er vi her alle sammen tids nok til at få en hurtig retur til dalen, kærester, koner og børn og hvad der ellers venter os i Chamonix – f.eks. en stor kold fadøl.

Men vi i Chamonix over fadøllen sidder og nyder en godt gennemført dag ser vi en helikopter, der søgende flyver rundt oppe ved Frendo. Den ender med at forsvinde et stykke tid inde ved foden af væggen et sted i nærheden af starten af ruten. Vi får en ubehagelig fornemmelse af, at noget er gået galt for de 3 vi overhalede tidligere på dagen. De virkede lidt uerfarne og da vi mødte dem tidligt på dagen virkede de allerede trætte.

Næste morgen får vi de tragiske nyheder. Mont Blanc området har krævet endnu nogle klatreres liv. Alle 3 vi mødte var faldet næsten helt fra toppen af ruten og helt til bunden. Hvad der præcis er gået galt kan vi ikke udrede, men det lyder som om de ikke har været sikret under passagen af isen. Måske har de ikke helt været opgaven modne og har skullet presse sig for meget for at nå op. Ihvertfald virkede de lidt usikre på rutefinding da vi mødte dem og måske ikke erfarne nok til at kunne solo eller parallelklatre det nødvendige for at kunne komme igennem.

Andre knap så hurtige klatrere har brugt en anden lidt tungere strategi; At klatre den nederste klippedel af ruten om eftermiddagen og tage bivuakudstyr med for overnatning lige nedenfor sne- og iskammen. Denne bliver så klatret tidligt på dagen og toppen kan således nås midt på dagen eller tidligt på eftermiddagen uden at man behøver forcere tempoet.

Endnu en gang må vi sande, at de mange år vi har brugt på at opbygge vores erfaring er godt givet ud. Vi har ikke sprunget direkte på de store, svære ting, men har langsomt skubbet grænsen for, hvad vi kunne give os i kast med. Det giver en højere grad af sikkerhed, men miljøet er meget foranderligt og vi ved det godt; der gives ingen garantier for at vi altid slipper godt fra det. Vi har også haft nogle "close escapes," hvor det kunne være gået galt. Derfor er det vigtigt at beholde sin ydmyghed overfor bjergene og vide sin besøgstid.

Fakta: Eperon Frendo/Frendo spur på Aiguille du Midi, godt 1200 højdemeters klatring fra den øverste del af Glacier du Pèlerins til tæt på toppen af Aiguille du Midi. Sværhedsgrad D med passager af 5°.

Tilgang fra Midi liftens mellemstation ved Plan de l'Aiguille enten ved at overnatte her i bivuak eller telt alternativt, hvis man er hurtig, at tage en af de første lifter op hertil og klatre hele ruten på en dag.

Dødt løb med mørket

Gervasutti Pillaren, Mont Blanc du Tacul

Med tanke på, hvor sent vi var startet om morgenen, så var det heldigt, at vi var nået så langt, men risikoen for en overnatning uden udstyr i sneen nær toppen af Mont Blanc du Tacul var til stede.

Vi var ellers tidligt oppe i morges, men der var mange problemer med at finde en fornuftig start på klatringen, hvilket forsinkede os i begyndelsen. Men vi var godt forberedt, havde endog været her et år før, hvor vi forsøgte at klatre ruten som et tremandshold, Henrik Jessen Hansen, Jan Mathorne og jeg. Det gik dog alt for langsomt den gang. Vi nåede et godt stykke opad inden vi indså, at vi ikke havde en chance for at nå helt til toppen. Og uden nogen form for overnatningsudstyr, så ville det kunne blive en ekstremt kold nat i næsten 4000 meters højde. Det gav ikke mening at løbe den risiko, så hellere komme tilbage en anden gang.

Og her var vi så, denne gang kun Jan og jeg. Men det betød så også, at vi ville kunne klatre hurtigere.

Hele den første del af ruten går på en slags ryg eller stræbepille, der stejlt strækker sig op mod hovedvæggen af Mont Blanc du Tacul. Det er ikke altid det er tydeligt, hvor det er bedst at klatre, men vi finder spor efter andre klatrere og bliver, som følge af disse spor, mere sikre i vores eget valg af rute. Vi har tidligere bevist, at vi har et godt øje for at finde den letteste vej op gennem væggen, den evne får vi virkelig brug for her.

Et godt stykke oppe, hvor pillaren går over i en række af vægge og forvredne klippetårne, krydser vi hen over et større parti af ustabile klipper. Jeg er forrest, mens Jan sidder ude på en hylde på kanten af tårnet og sikrer mig. Og det tager tid, da jeg hele tiden skal være yderst forsigtig ikke at holde i eller stå på noget, der ikke kan bære min vægt eller ihvertfald en del af den. Det lykkes mig efter lang tid at komme på mere sikker grund igen. Jeg kan sikre mig til stabilt udseende klipper og sige til Jan, at han kan komme efter.

Jan når kun lige at rejse sig, så forsvinder det meste af hylden, han sad på under ham, brager ned af klippevæggen, hvor der heldigvis ikke er andre mennesker på vej. Han har med sin vægt været med til at løsne klippeblokkene, men har samtidigt i over en halv time siddet på alt det løse og åbenbart holdt det sammen med sin tyngde.

Efter lige at have sundet sig, kommer Jan lettere rystet over mod mig. Han må derefter fortsætte op gennem den mixede korridor, som strækker sig op mod toppen af ruten. Vi kan dog stadig ikke se nogen ende på klatringen, selv om vi har været igang i 7-8 timer.

Der har været et dansk team op ad denne rute på Mont Blanc du Tacul før, men de brugte to dage på deres forehavende. Og grunden til, at vi nu er her for anden gang er, at vi vil prøve at komme igennem på kun en dag. Af samme grund har vi, ligesom sidste år hvor vi vendte om, ikke taget udstyr med til overnatning. Filosofien er, at jo mere luksus vi slæber med os for at kunne tilbringe en eventuel nat her, jo mere sikkert er det, at vi rent faktisk kommer til at bivuakere. Men derudover går ruten for at være noget af det bedste klatring i området, hvis ikke i Alperne i det hele taget.

Efter mange reblængder – og timers klatring – op gennem sne- og klippekorridorer kommer vi til en klippekam, som tilsyneladende i nogle store buer går op og mødes med nogle andre klippekamme. Vi håber stærkt, at det er toppen af bjerget, der nærmer sig. Vi er begyndte at få "lange arme" og føler en udpræget træthed efter omkring 12 timers klatring. Da meget af klatringen samtidigt er i typisk granit stil, med stejle vægge gennemsat af smårevner, som vi lige kan få hånden eller ihvertfald fingrene ind i, så er det meget anstrengende. Det er sjældent, der undervejs i en reblængde er et egentligt hvilepunkt, hvor vi kan slappe af og lige få pusten.

Helt galt bliver det, da vi skal op på klippekammen ovenfor os. Der er en meget stejl væg gennemsat af et overhæng, som vi på en eller anden måde skal op over. Det er min tur, så jeg må bide nervøsiteten over det grumt udseende stykke i mig. Det viser sig at være ekstremt svært men muligt. Efter en god halv time kan jeg glæde mig over, at kunne se opad bjergkammen. Et syn som bekræfter mig i, at vi ikke kan være langt fra toppen, da der ikke længere er noget, som rager langt op over os. Men man kan ikke se toppen endnu og tiden løber – om under 2 timer er det helt mørkt. Og vi har ingen måne lige for tiden og med pandelamperne kan vi ikke finde vej heroppe i virvarret af bjergkamme, snekorridorer og stejlvægge. Når først vi er på toppen, så har vi yderligere en time til halvanden til teltet i Vallé Blanche.

Mens jeg tager rebet ind til Jan føles tiden bare uendelig. Hvorfor kan han dog ikke klatre hurtigere? I virkeligheden klatrer han væsentligt hurtigere end jeg gjorde, da jeg førte reblængden, men han har jo også sikkerheden af et reb oppefra. Jeg sidder bare med tvivlen, om vi kan nå det og føler derfor tiden gå langsomt.

Da Jan pustende dukker op på kammen siger han bare, "stærkt ført, det var godt nok svært." Det er en rar kommentar at få, når jeg nu følte, at jeg klatrede lige på kanten af, hvad jeg formåede.

Men vi er der jo ikke endnu, så jeg kan ikke fortabe mig i sejrsrus over en enkelt reblængde, når vi muligvis har et godt stykke vej til toppen. De næste mange reblængder er det heldigvis så let på selve bjergkammen, at vi kan gå parrallelt, hvorved vi kommer hurtigt fremad. Endelig når vi til et sted, hvor vi kan kigge over på nogle store snerygge, som i en stor bue i silhuet mod den lave sol strækker sig op mod noget, der godt kunne være hovedtoppen af Mont Blanc du Tacul.

Vi skal dog lige klatre en reblængde ned fra klippekammen for at komme over på sneryggen. Også det føles bare at tage evigheder, mens solen lige så stille og roligt forbereder sig på at foretage sit daglige, forudsigelige dyk ned bag horisonten.

Jeg er utålmodig, da vi er nødt til at stoppe. Vores friktionssko skal af og vi skal have støvler og steigeisen på inden begiver os ud på snekammene.

Men vel ovre på sneryggen begynder vi at få en fornemmelse af, at vi godt kan nå det. Jo højere på sneryggen vi kommer des mere sikre bliver vi. Det får os til at sætte tempoet et ekstra gear op, så vi prustende bevæger os op ad den sidste hvalryg, der i en stor bue fører os direkte til toppen. Og solen er stadig på himmelen, så nu har vi rigtig gode chancer for at finde ned. Kommer vi bare lige det første stykke derned af inden lyset er helt væk, så træffer vi sandsynligvis på sporet i sneen, der viser den letteste vej op til toppen af Mont Blanc du Tacul. Flanken kan være stejl, men det klarer vi sagtens i pandelampens skær.

Vi giver os endda tid til en slurk vand, den sidste i flaskerne, inden vi starter turen ned mod gletscherplateauet, hvor vores lille telt står og udøver en magisk tiltrækning på os. Det første stykke går ned af en stor bred sneryg, meget let, men til gengæld taber vi ikke mange højdemeter på det stykke. Så drejer vi til højre med næsen pegende lige mod Aiguille du Midi, hvor liften går op til og hvor vi i morgen vil tage turen ned til dalen, Chamonix og ikke mindst vore familier.

Nu bliver det stejlt og samtidig forsvinder solen, så mørket breder sig - især her i den nordvendte flanke. Vi kommer i skumringen forbi de første store gletscherspalter, der heldigvis er forsynet med træstiger til at lette guiderne i deres job med at få turister op ad denne relativt lette vej.

Omkring halvvejs nede bliver det så mørkt, at vi må have hjælp af pandelamperne. Vores videre færd bliver besværliggjort af, at batteriet i min lampe hurtigt bliver fladt. Så går jeg forrest, for at Jans pandelampe også kan skinne lidt frem for mig. Men jeg må bevæge mig noget mere forsigtigt for at undgå at snuble dybe huller, der er i sneen. De stammer fra de sidste, der midt på eftermiddagen i bagende sol har gået ned over den delvist smeltede sne og har trådt rigtig dybt i.

Vi når lige præcis ned til vores telt i Vallé Blanche inden det bliver aldeles buldermørkt. Finder ind i teltet og kan lettere opløftede tænde vores pandelamper, få gang i gaskogeren, så vi kan få smeltet noget sne og få noget at drikke og spise.

Snart ligger vi i vores lune soveposer med smil helt op til ørerne og glæder os over en perfekt dag og en perfekt timet klatring på et smukt og udfordrende bjerg.

Fakta:

Mont Blanc du Tacul, 4248 meter. Letteste vej op er fra Aiguille du Midi via gletscherbassinet, Valle Blanche og Col du Midi 3532 meter, op ad nordflanken af bjerget. Denne kan være meget gennemsat af spalter og seracvægge og kan efter snefald være lavinefarlig. Dette var vores nedstigninsrute efter klatringen af Gervasutti pillaren.

Vores rute, Gervasutti pillaren, strækker sig fra den øvre del af Geant gletscheren over bjergets stejle østvæg næsten til toppen af Mont Blanc du Tacul. Højdeforskel omkring 800 meter, sværhedsgrad TD, sværeste passage 6°.

Gervasutti pillaren er er navngivet efter den legendariske, italienske klatrer, Giustu Gervasutti, af hans landsmænd Fornelli og Mauro, der åbnede denne rute i juli 1951. Gervasutti selv døde i 1946 i en storm under nedstigningen fra et forsøg på at førstebestige ruten.

Det sidste billede

Egentlig brød vi os ikke meget om den Sydafrikanske ekspedition på Mount Everest i 1996. Men det var nok mest pga. den måde, den blev ledet, og selve lederen, Ian Woodall, som person. Mange af de andre deltagere, som vi traf var ganske tiltalende mennesker.

Ian Woodall ledede ekspeditionen på en så uforsonlig måde, at de 3 bedste klatrere forlod den, inden de for alvor var kommet igang på bjerget. Det betød at mindre klatrebegavede og uerfarne klatrere fik chancen som topkandidater.

Vi fik besøg i basecamp af flere deltagere, men jeg husker især Seshaan, en sød kulsort pige, som virkede som et meget tiltalende og godt menneske. Men at hun skulle være på et bjerg som Everest var ganske uhørt. Hun havde aldrig klatret et rigtigt bjerg, hun var udelukkende sportsklatrer og var hjemmevant på korte stejle klippepartier ikke langt over havets højde. Hun kendte absolut intet til overlevelse i stor højde og de store farer, som man er udsat for på høje bjerge, og her var hun så på den højeste af dem alle.

Og hvad de tekniske færdigheder angik, så berettede hun med et smil om sin netop overståede første øvelse i at gå med steigeisen. En lektion, som havde fundet sted i den nederste del af Mount Everest isfaldet, næppe et ideelt sted at lære teknikken. Men endnu værre var det, hvis man forventede, hun skulle udnytte denne viden til at gå mod toppen af verdens højeste bjerg.

Gudskelov erfarede vi, at hun personligt ingen topambition havde, og at selv ikke Ian Goodall havde nogen forventninger om at udnytte hende i denne henseende. For udnyttelse var der tale om. Den egentlige grund til, at hun var her, racekvotering, gjorde det lettere for ekspeditionen at opnå støtte herunder økonomisk i Sydafrika. Og ved valget af Seshaan havde Ian Goodall sikret sig støtten. Ved at vælge en uden erfaring, havde han samtidigt sikret sig, at han ikke behøvede at have hende med på toppen.

Den Sydafrikanske ekspedition blev nok den mest udskældte og forhadte af de 14 ekspeditioner dette forår på Mount Everest. Da det gik galt højt på bjerget i starten af maj måned, hvor en række ekspeditioners topforsøg endte tragisk med flere savnede og mange tilskadekomne, ønskede Ian Woodall ikke, at deltagere fra deres ekspedition skulle hjælpe de nødstedte.

De fleste andre afbrød deres egne forsøg og fokuserede på at hjælpe med at få forfrosne klatrere ned af bjerget. Sydafrikanerne sad i deres telte og så blot til som passive tilskuere, mens dramaet udspillede sig. Ikke fordi de ikke ønskede at hjælpe, men Ian dikterede simpelt hen, hvad de måtte foretage sig.

Sydafrikanere som den stærke pige Cathy O'Dowd og Bruce Herrod kunne have trådt hjælpende til, men føjede sig efter Ians befalinger.

Netop Bruce Herrod blev senere centrum i en af årets hændelser på verdens højeste bjerg. Det var så meget senere, at vi forlod basecamp med retning mod Kathmandu den dag, det skete.

Om formiddagen efter pakning og klargøring af yakokser gik vi ud over Khumbu gletscheren mod Gorak Shep, hvor vi gik fra gletscheren over på morænen langs med. Vi havde god fart på, da vi skulle nå til Thyangboche omkring 30 km væk i 3800 meters højde samme dag. Men jeg stoppede alligevel på morænen for at stå og beundre toppen af Everest, som vi i dagene i basecamp ikke kunne se. Jeg mente mod skyerne bag topkammen at kunne skimte nogle bitte små, mørke prikker, som langsomt bevægede sig opad.

Derfor fandt jeg min store telelinse med 8 ganges forstørrelse frem og kunne her tydeligt se, at der var to mennesker på vej op mod toppen. De var højt oppe og selv om klokken allerede var mange, så ville de kunne nå toppen i rimelig fornuftig tid, hvis de da ikke gik helt i stå. Men jeg lagde også mærke til en lidt mindre synlig prik længere nede ad bjerget. En prik, som også bevægede sig opad omend meget, meget langsommere end de to øverste.

Ud fra vores viden om, hvem der stadig var på bjerget og hvordan deres planer så ud, så kunne vi gætte os til, at det var Sydafrikanerne, der var på vej i deres topforsøg. Det kunne tyde på, at de to øverste ville få succes, men den nederste umuligt ville kunne nå det.

Bruce Herrod var ikke hurtig den dag. Ian Goodall og Cathy O'Dowd var derimod og satte et godt tempo og kom sikkert fremad. Bruce havde på forhånd aftalt med sig selv og sin kæreste, Sue Thompson, at han skulle vende om, hvis han ikke havde nået toppen kl. 12. Det var en fornuftig plan i det fine vejr, som Everest var præget af i disse sidste dage af maj.

Vi forlod morænen og Gorak Shep og nåede ikke at se, at Ian og Cathy nåede toppen. De tog deres tid deroppe, de havde ikke travlt og vidste ikke, at Bruce stadig var på vej mod dem.

Ian og Cathy forlod toppen og passerede sydtoppen af Everest omkring en time efter. Kl. 12.30 mødte de Bruce, som var meget udmattet og stadig langt fra toppen. De rådede ham til at vende om og følges ned med dem, men han overbeviste dem om, at det var i orden at fortsætte opad. På dette tidspunkt var han allerede langt forbi det tidspunkt, hvor han havde lovet sin kæreste og sig selv at vende om.

Ian og Cathy bliver de sidste til at se Bruce i live. Resten af beretningen om hans Everest bestigning er derfor stykket sammen af formodninger om, hvad der kan være gået for sig samt af Bruces egne meldinger over walkie talkie.

Bruce kontakter de andre og basislejren via sin walkie talkie lidt efter kl 17. Han har lige nået toppen og er lettet men også træt. Efter en kortere samtale bliver han koblet op til sin kæreste, som tilfældigvis netop da har ringet op til basecampens satellittelefon.

Sue bliver bestyrtet over, at Bruce har brudt alle deres aftaler om, hvornår han ville vende om, hvis han ikke var nået til tops. Men det lykkes Bruce at berolige hende, måske kun fordi hun ved, hendes uro intet godt bringer med sig alligevel.

På Mount Everest klatrede jeg i 1996 mest med en finsk klatrer, Veikka Gustafsson. Veikka var allerede den gang en meget erfaren klatrer. Vi kom til at klatre sammen pga. tilfældigheder og fordi min klatremakker måtte forlade ekspeditionen med nogle brækkede ribben, der gjorde det meget smertefuldt at trække vejret i den tynde luft.

Veikka sagde til mig, efter vi var vendt om i vores første topforsøg pga. det ustabile vejr – det samme som de mange ekspeditioner dømte ok til et topforsøg, hvor det desværre endte i ulykker – at vi skulle vente til slutningen af maj. Her ville vejret være bedre og vi ville kunne nå toppen uden ilt, som vi havde planlagt det.

Desværre gjorde ulykkerne og vores deltagelse i redningsarbejdet det umuligt for os. Vi var totalt udmattede, da vi 14 dage efter ulykkerne forsøgte igen. I omkring 8400 meters højde syntes jeg ikke længere, det var forsvarligt at fortsætte. Jeg var så træt at det svimlede for mig. Jeg der ellers havde været så stærk og var gået på rekordtid op gennem lejrene og havde sprunget både lejr 1 og 3 over på vores vej til topforsøget.

Men her uden faste reb på stejle skråninger og med en konstant svimmelhed og usikker balance i benene, så var toppen pludselig ikke så vigtig mere. Jeg gik tilbage til lejren med den overbevisning, at Veikka nok skulle klare det. Men der gik ikke mere end 2 timer før Veikka var tilbage. Han rystede bare på hovedet, så meget træt ud og tog imod den kop the, som jeg havde parat på termokanden. Da han havde sat sig ned og begyndte at fortælle om det stykke han var kommet længere, så faldt han i søvn midt i en sætning.

Det var den samme Veikka, som nogle år forinden havde besteget et af verdens sværeste og mest frygtede bjerge, K2, det andethøjeste i verden med sine 8611 meter. Der var altså ingen grund til at være ærgerlig over, at jeg ikke nåede toppen. Vi havde gjort, hvad vi kunne begivenhederne taget i betragtning.

Men det frigjorde mig ikke fra at føle end vis vrede over, at de kommercielle ekspeditioner ødelagde det for os andre. Deres konkurrence om at få flest folk og først på toppen var endt i ulykker. Ulykker, som vi ikke med god samvittighed bare kunne være tilskuere til. Derfor måtte vi hjælpe og ikke bare hytte vores eget skind. Men nu var krudtet blevet vådt og vi havde ikke det, der skulle til for at komme op. Væk var de friske skridt op over de stejle skråninger, i stedet havde Veikka og jeg kæmpet os trætte opad i dette sidste topforsøg.

Det var en kamp for os at komme ned. Især kunne jeg mærke, at Veikka var fuldstændigt flad. Jeg ville bare ned nu det var slut, men han måtte hele tiden stoppe og sætte sig ned eller også hang han i de faste reb og tog sig endnu en lille lur. Jeg var noget nedtrykt, da vi kom ned til lejr 2 og blev modtaget af det meste af resten af vores hold.

Men Veikka opmuntrede mig med en af sine bemærkninger næste dag. Det var tydeligt, at han sin store kompetence til trods, regnede mig som ligeværdig, da han sagde til mig; "Vi kommer tilbage næste år og klatrer Everest uden ilt." Han troede fuldt og fast på, at det kunne vi godt.

Og Veikka fik vel til dels ret. Året efter var han ihvertfald på Everest igen, men jeg er jo ikke fuldtidsklatrer og kunne ikke finde tid eller sponsorer til igen at komme afsted. Lene Gammelgaard havde med snilde snoet de fleste sponsorer om sine frostskadede fingre og betog verden med sine halve sandheder om hvad, der gik for sig på Everest i '96. Det gjorde det svært for os, der havde bjergene som livsstil og ikke klatrede for berømmelse og karriere.

Men Veikka kom derop og måtte undervejs foretage de bedrøvelige handlinger, han havde lovet at gøre. Rob Halls lig lå oppe ved sydtoppen af Everest delvist begravet i sneen. Veikka og Rob havde været på K2 sammen og kendte hinanden godt.

Derfor havde Veikka måttet love Robs enke, at give ham en bjergbestigers begravelse. I den højde på omkring 8800 meter bestod det i at skubbe det stivfrosne lig ud over kanten til Everests sydvestvæg. Her ville det styrte ned over mange tusind meter stejl klippevæg og formentlig blive fuldkommen splintret. Robs lig ville så ikke optræde på Everest klatreres billeder fra sydtoppen i de næste mange år indtil en storm måske fik puffet liget ud over kanten på naturlig vis.

Men nu er vi tilbage ved historien om Sydafrikanerne. For Veikka kunne konstatere, hvad der var sket med Bruce Herrod, da han nåede til Hillary Step. Hillary Step er navnet på det sidste svære punkt inden toppen. Everests førstebestigere, Edmund Hillary og Tenzin Norgay, fik her en lille overraskelse. Det var det eneste sted på deres sidste dag mod toppen, hvor de for alvor måtte anvende rebet til sikring. Et styrt her ville sende den faldende i den sikre død. Dette stejle vægstykke, havde også dannet kø i flokken af bjergbestigere i 1996, skabt forsinkelse og havde dermed været med til at forårsage ulykkerne.

Her hang Bruce stadig et år efter i et af de mange reb op over stejlpartiet. Han hang helt nede for enden af rebet, forbundet til det med klatreselen om sit liv, en karabiner og abseil-ottetallet. Han har været så svag, at han, efter at have kæmpet sig ned fra toppen til Hillary Step, kun formåede at få sig sat på det faste reb og glide ned ad det. Han orkede ikke at få sig frigjort fra rebet men døde af udmattelse og måske kulde lige i nærheden af hvor Rob Hall og hans klients lig lå begravet i sneen.

Veikka skærer Bruce ned fra rebet over Hillary step, den anden "begravelse" han forestår denne dag. Men billederne som findes på filmen i Bruces kamera afslører, at Bruce har givet sig tid til at arrangere topbilledet.

Han har måske ikke været helt bevidst om, hvor tæt han var på total udmattelse, men et eller andet i hans omhyggelighed omkring billedet tyder alligevel på, at han har vidst det var "det sidste billede."

Ordforklaring

Abseil	Nedfiring på reb – også kaldet rapelling.
Abseilanker	Fastgørelse i klippe eller sne, som kan bruges til nedfiring. På etablerede ruter sidder der ofte permanente abseilankre andre steder må man selv fastgøre slynger i huller i klippen eller evt. lægge rebet om klippefremspring.
Andenmand	Se forklaringen under førstemand
Artificiel klatring	Klatremetode, hvor man ikke kun holder i klippens naturlige fremspring, huller og revner, men også bruger eksisterende eller egenplacerede sikringer til at holde eller stå i.
Bergsschrund	Spalte i is/sne mellem den is, der sidder fast på bjerget og den, som langsomt glider ned som en del af gletscheren.
Bivuak / bivuakere	Overnatning uden udstyr eller med meget begrænset udstyr som f.eks. en bivuaksæk. Ofte koldt og derfor ofte forbundet med at føles laaaaaangtrukken. Man blunder lidt ind imellem og vågner op, tænker der må være gået 1 time, ser på uret og taber helt modet, da der kun er gået 5 minutter siden man kiggede sidst.
Couloir	Korridor op gennem enten klippe eller sne (eller mix).
Diedre	Klippeformation hvor to vægge møder hinanden og danner et hjørne. En åben diedre dannes af vægge, som mødes i en vinkel på meget over 90 grader, mens en lukket diedre kan være så snæver, at den nærmest bliver en slugt eller kløft.

Friends	Sikringsmiddel bestående af to kamsæt, som presser ud mod hver sin side af et hul eller en klipperevne. Jo mere der trækkes i en friend jo mere presser kammene ud mod siderne. Lette og hurtig at sætte – og som regel også at fjerne.
Friktionssko /frikker	Tætsiddende klatresko uden profileret sål, som til gengæld har højfriktionsgummi, der næsten "suger" sig fast på klippe. Klatringens svar på bilers slicks.
Førstemand	Førstemand og andenmand er begreb om hvem, der fører en given reblængde i klatring. Førstemanden har ansvaret for at finde en fornuftig rute (den rigtige rute) og sætte sikringer undervejs samt at give andenmanden stor sikkerhed med et reb fra oven. Andenmanden venter sikret til væggen på standpladsen og giver reb ud til førstemanden gennem en bremse, så et eventuelt styrt ikke bliver alvorligt. Sikkerheden afhænger selvfølgelig af, hvor gode muligheder førstemanden har for at sætte holdbare sikringer.
Halvreb	Et reb, der er fuld længde, men som ikke må bruges alene. Der bruges to reb af samme type sammen, men hvert reb er stærkt nok til at holde et styrt. Fordelen er, at hvert reb kan ligge hver sit sted og dermed er risikoen for skader på begge reb mindre. Ved abseil kan man endvidere med dobbeltlagte, sammenbundne reb abseile rebets fulde længde og bagefter trække det ned efter sig.
Indstigning	Starten på en klatrerute kaldes indstigningen
Kamin	Revne i klippen, der er så stor, at man kan klatre inde i den. Sommetider så snæver, at man skal have rygsækken hængende i en slynge under sig andre gange så bred, at specielt små klatrere kan

	have svært ved at nå fra væg til væg = scary!
Karabiner	Metalredskab, som består af et stort øje, som kan åbnes, så rebet kan sættes ind i øjet. En fjeder sørger for, at åbningen lukkes automatisk.
Mixet klatrig	Klatring i terræn, hvor det veksler mellem klippe og is/sne. Sommetider kan man klatre med den ene fod på klippe og den anden på is eller sne.
Ottetal	Metalredskab af form som et ottetal. Rebet sættes rundt om ottetallet og bremses af friktionen gennem det. Bruges oftest til abseil.
Parallel klatring	Begge klatrere bevæger sig samtidigt med rebet mellem sig og med sikringer sat i klippen sat af den forreste, fjernet igen af den bagerste. Når de forhåndenværende sikringer er flyttet til andenmanden, skiftes der oftest førerskab.
Pillar	Klippestræber – ofte en stejl klipperyg, som strækker sig opad en klippevæg og nærmest støtter sig opad denne.
Riss	Revne i klippen. Større riss kan nærmest give indtryk af, at klippen er blevet skåret igennem med en skarp kæmpekniv. Riss kræver ofte speciel teknik og sikringsmidler som f.eks. friends.
Scramble/ scrambling	Lettere klatring, hvor reb ikke er nødvendigt
Slab	Glat klippevæg med relativt få greb og trin – ofte også få naturlige sikringsmuligheder.
Slåbolt	Metalbolt, ofte kaldet "spir" af ikke klatrere, som bankes ind i revner i klippen som sikringsmiddel eller til brug for artificiel klatring.
Sværheds-	System til vurdering af en rutes tekniske sværhed

grad	eller alvorlighed. Helhedsgraderingen afhænger af begge, men derudover kan der være en teknisk helhedsgradering og en gradering af det sværeste punkt. Der er mange systemer, hvorfor graderingstabellen i næste afsnit kan benyttes til sammenligning. UIAA er den internationale gradering brugt i Alperne, FR er den franske gradering primært til gradering af sportsklatring, men også til teknisk gradering af alpine ruter. YDS er det amerikanske system.
Travers	Bevægelse mod siden over sne- eller isterræn.
Ur	En stejl skråning af grus og klippeblokke. Ligger ofte så stejlt, at den skrider under dig, når du går over den.
Verglas	Ispanser, som dannes på klipper som følge af tåge eller regn, der fortættes og fryser på klippen.

Graderingstabel

YDS	UIAA	FR	AUS	SAX	CIS	SCA	BRA	UK	
5.2	II	1	10	II	III	3			D
5.3	III	2	11	III	III+	3+			D
5.4	IV- / IV	3	12		IV-	4			VD
5.5	IV+		13		IV	4+			S
5.6	V-	4	14		IV+	5-		4a	HS
5.7	V / V+		15	VIIa		5		4b	VS
5.8		5a	16	VIIb	V-	5+	4 / 4+	4c	HVS
5.9	VI-	5b	17	VIIc		6-	5 / 5+	5a	E1
5.10a	VI	5c	18	VIIIa	V	6	6a	5b	
5.10b	VI+	6a		VIIIb		6+	6b		E2
5.10c	VII-	6a+	19	VIIIc	V+		6c		E3
5.10d	VII	6b	20			7-		5c	
5.11a	VII+	6b+		IXa			7a		
5.11b		6c	21	IXb		7	7b		
5.11c	VIII-	6c+	22	IXc	VI-	7+	7c	6a	E4
5.11d	VIII	7a	23						
5.12a	VIII+	7a+	24			8-	8a		E5
5.12b		7b	25	Xa	VI	8	8b		
5.12c	IX-	7b+	26	Xb		8+	8c		
5.12d	IX	7c	27				9a	6b	E6
5.13a	IX+	7c+	28	Xc		9-	9b		
5.13b		8a	29				9c		
5.13c	X-	8a+	30	XIa	VI+	9	10a	6c	E7
5.13d	X	8b	31				10b		
5.14a	X+	8b+	32	XIb			10c	7a	E8
5.14b		8c	33			9+			
5.14c	XI-	8c+		XIc				7b	E9
5.14d	XI	9a							

Litteraturliste

En del af de følgende bøger understøtter de begivenheder, som er beskrevet i denne novellesamling.

Andre er med i listen, da de beskriver oplevelser i bjergene, som har inspireret mig eller de beskriver oplevelserne med samme tilgang til klatringen som denne bog.

Endelig er den samlede liste over mine egne bøger (pt.) med.

God læsning!

Ama Dablam, en bestigning af verdens smukkeste bjerg, Casper Sutton et.al. (+Bo Belvedere Christensen), Gyldendal 1989, udsolgt fra forlaget.

Baruntse - over 7000 meter i Himalaya, Bo Belvedere Christensen, BoD 2008. Illustreret ekspeditionsberetning fra det smukke bjerg Baruntse.

Big E - fortællingen om Big E Thrane & Thrane Danish Everest Expedition 2000, Bo Belvedere Christensen, BoD 2008. Ekspeditionens dagbog, som blev publiceret på internet foreligger her i illustreret bogform.

Calculated Risk, Dougal Haston, Diadem Books 1979. Stærk klatrefiktion om klatringens udvikling og kravene til de profiler, som udviklede metoder og ideer, skrevet af en meget kontroversiel, elsket og hadet klatrer.

Everest, drømmen og sejren, Bo Belvedere Christensen & Henrik Jessen Hansen (redaktører og medforfattere), Jyllandspostens forlag 2000. Udsolgt fra forlaget, men kan fås fra Bo på bbc@k2-adventure.dk.

Eiger Dreams, Jon Krakauer, Knopf Publishing Group 1997. Krakauer er en gudbenådet bjergskribent og denne bog fra hans hånd er ingen undtagelse.

Into Thin Air, Jon Krakauer, Macmillan 1997. Krakauer beretning om de tragiske hændelser på Mount Everest I 1996. Oversat til dansk med titlen "Op i det Blå".

Kilimanjaro – guide til natur og bestigning, Bo Belvedere Christensen, BoD 2009. Beskrivelse af Kilimanjaros geografi, geologi, biologi, ruter til toppen, huskelister og andre praktiske oplysninger.

Mellem is og intet, Joe Simpson, Borgens forlag. Også en af de mere opsigtsvækkende beretninger, hvor begivenhederne hele tiden går lidt skævt, hvor et menneskes overlevelsesvilje virkelig sættes på prøve.

Op i det blå, Jon Krakauer, Lindhardt og Ringhof 1999 (engelsk titel "Into thin air"). Beskriver detaljeret og uden at dømme, hvordan tingene udviklede sig på Everest det katastrofale år 1996.

The Shining Mountain, Peter Boardman, Hodder & Stoughton Ltd 1978 (Findes kun på engelsk). Forrygende spændende for dig, der godt kan lide svedige hænder!

Ubetrådte tinder - gennem hvide pletter på landkortet til toppen af jomfruelige toppe i Himalaya, Bo Belvedere Christensen, BoD 2008. Illustreret dagbogsberetning fra en succesfuld dansk ekspedition til ubestegne Himalaya giganter.

Om forfatteren

Bo Belvedere Christensen er uddannet geolog, men har arbejdet med IT – projektledelse, forretningsudvikling, salg og marketing - siden 1986.

Bo har klatre- og bjergbestigningserfaring fra 30 år i bjergene herunder ekspeditioner til de største i Himalaya gennem mere end 20 år.

Bo har ledet flere ekspeditioner til så forskellige bjerge som Aconcagua (Andes), Kilimanjaro (Østafrika), Elbrus (Kaukasus), Baruntse (7129m.) og andre bjerge i Himalaya.

De mest betydningsfulde toppe omfatter danske førstebestigninger af to af verdens 14 bjerge over 8000 meter – Broad Peak på 8047 meter og Gasherbrum på 8068 meter – første danskebestigninger af kendte bjerge som Ama Dablam.

Som det ypperste har Bo sammen med 2 trofaste klatrevenner været de første mennesker til at betræde to af de meget få ubestegne bjerge i verden – det 6238 meter høje Danga og det 6673 meter høje Pandra begge beliggende i det østlige Nepal. Bo har været på en succesfuld ekspedition til Mount Everest, men kom ikke selv højere end 8100 meter. På en tidligere ekspedition til Everest var Bo oppe i 8400 meters højde uden iltflasker. Det var tredje topforsøg, de andre var blevet afbrudt pga. andres ulykker og dårligt vejr, og denne gang var han for træt til at nå toppen.

Bo debuterede som forfatter i 1990 som medforfatter af bogen "Ama Dablam, en bestigning af verdens smukkeste bjerg" udgivet på Gyldendals forlag, senere var Bo såvel redaktør som medforfatter på "Everest, drømmen og sejren" udgivet på Jyllandspostens forlag. Bo har desuden skrevet artikler til magasinet "Opdag Verden" (det tidligere Adventure World), Luxus og aviser: Berlingske Tidende, Politiken og flere andre.

Indenfor de seneste år har Bo udgivet bøgerne

- Baruntse – over 7000 meter i Himalaya

- Big E - Fortællingen om Big E Thrane & Thrane Danish Everest Expedition 2000

- Ubetrådte tinder - Gennem hvide pletter på landkortet til toppen af jomfruelige toppe i Himalaya

- Kilimanjaro – guide til natur og bestigning

Bo holder foredrag om bjergbestigning både som oplevelsesfortællinger, men også som specialarrangementer med et specifikt sigte f.eks. for virksomheder, der bruger Bo som indlægsholder i forbindelse med kundearrangementer, interne kick-offs eller seminarer.

Bo skriver til og viser billeder på hjemmesiden for dansk himalayaselskab (www.himalaya.dk) og sit eget firmas hjemmeside (www.k2-adventure.dk billedgalleri: gallery.k2-adventure.dk), hvor du også kan læse om Bos foredrag og downloade foredragsfolder og klatreorienteret CV.

Bo er desuden kendt som fotograf og producer på flere adventurefilm sendt på DR, DR2, TV2 og TV3 samt som en dygtig fotograf, der har solgt billeder fra adventure til bl.a. reklamebrug.